Lust-garten

PORZELLAN

und

GARTENKUNST

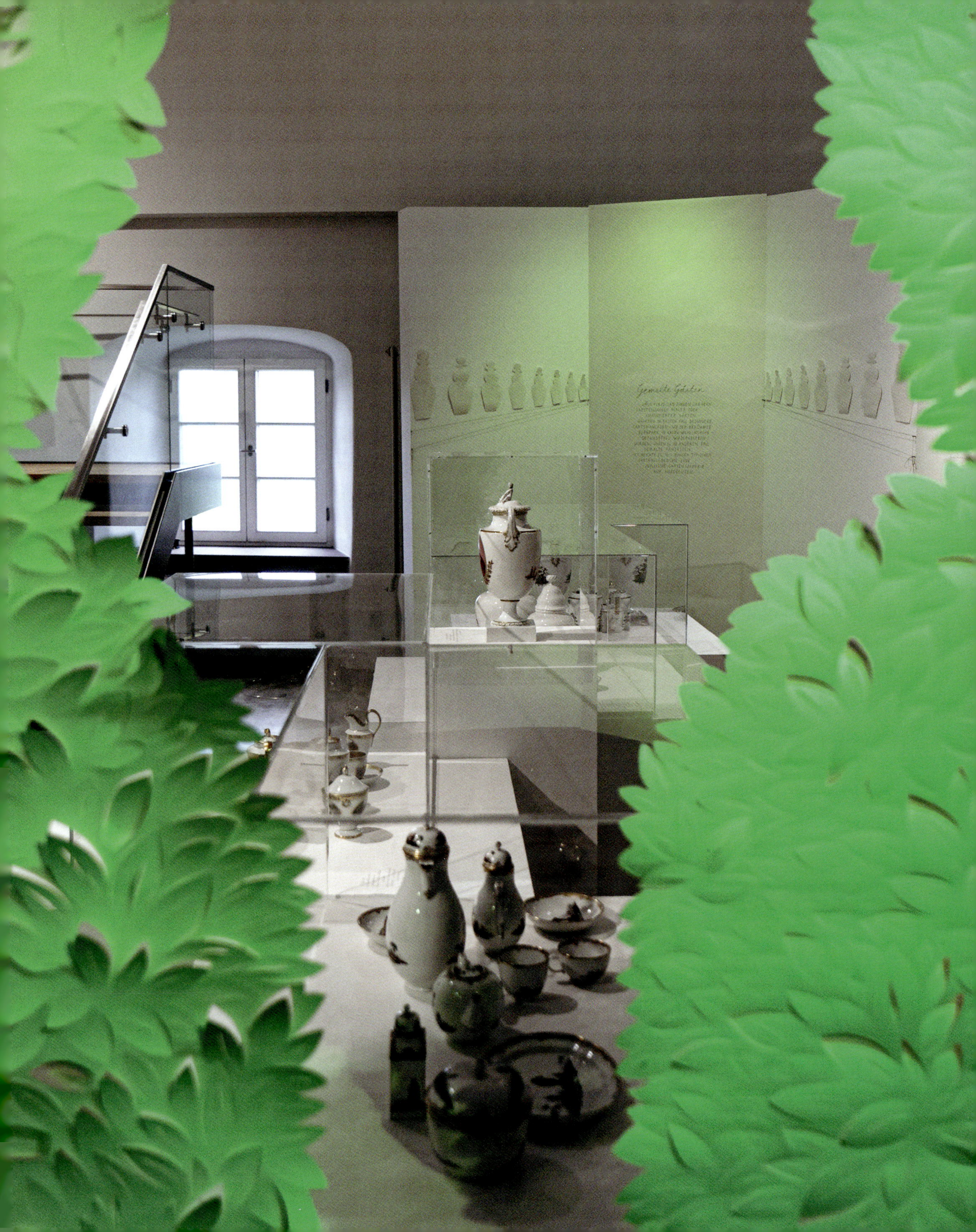

Christian Lechelt

Lustgarten

Porzellan und Gartenkunst

Eine Dokumentation

Verlag Jörg Mitzkat
Holzminden, 2024

Dokumentation der Ausstellung „Lustgarten. Porzellan und Gartenkunst“ im Museum Schloss Fürstenberg.

29. April bis 22. Oktober 2023

Herausgeber
Museum Schloss Fürstenberg

Autor: Christian Lechelt

Ausstellung

Konzeption und Organisation: Christian Lechelt

Ausstellungsarchitektur: Wolfgang Hartauer

Szenographie und Grafik: Marei Schweitzer

Museum Schloss Fürstenberg
Kulturgut Fürstenberg gGmbH
Meinbrexener Straße 2
37699 Fürstenberg
Tel. +49 5271 966778-0
museum@fuerstenberg-schloss.com
fuerstenberg-schloss.com

Gestaltung: Verlag Jörg Mitzkat
ISBN: 978-3-95954-150-3

Verlag Jörg Mitzkat · Holzminden, 2024 · www.mitzkat.de

Inhalt

Katalog

Vorwort und Dank

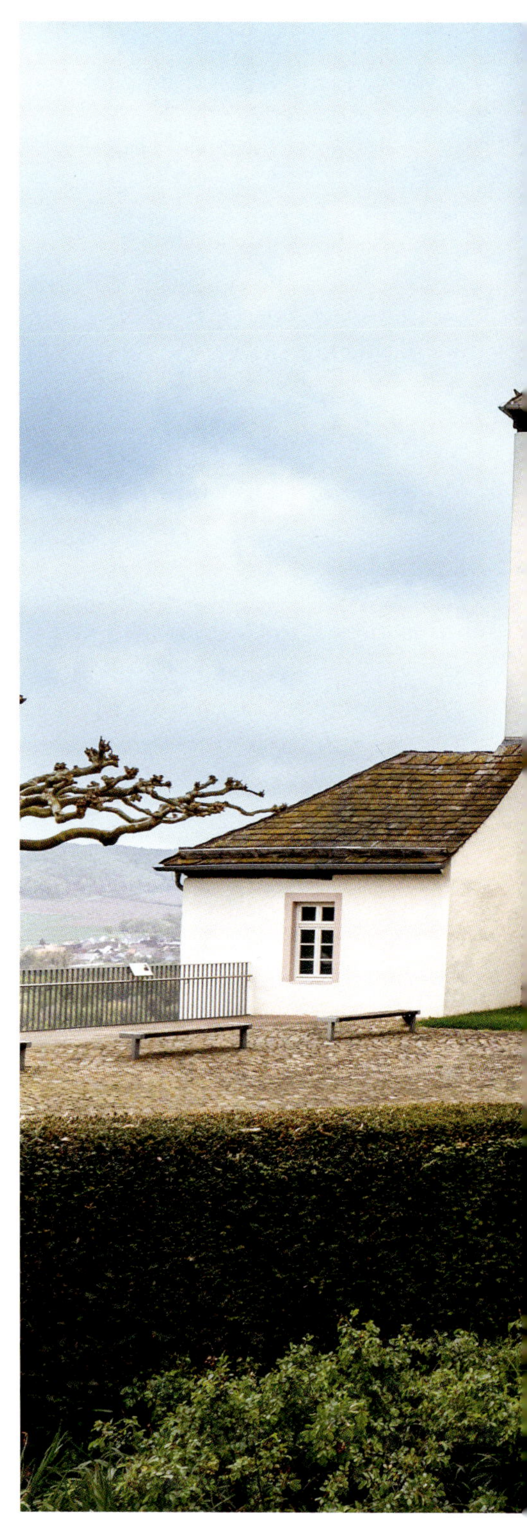

Mit einer kleinen Fürstenberger Teedose fing alles an (Kat. Nr. 1). Vor wenigen Jahren konnte sie für die Museumssammlung erworben werden. Auf einer Seite ist ein Gärtner beim Pfropfen zu sehen, wie er sogenannte Edelreiser in einen gekappten Baumstumpf einsetzt – eine klassische gärtnerische Veredelungstechnik. Mit minutiösem Pinselstrich hat der Porzellanmaler die Szene geschildert: die Tracht des Gärtners mit breitkrempigem Hut, das gebogene Pfropfmesser, der sorgsam umwickelte Stumpf mit den eingesetzten Zweigen. Als einige Zeit später publik wurde, dass im benachbarten Höxter eine Landesgartenschau ausgerichtet würde, war der Entschluss schnell gefasst, einerseits eine flankierende Ausstellung im Museum zu gestalten, andererseits das Porzellan Teil der Gartenschau werden zu lassen. So konnte dort Dank der Kooperation mit der Technischen Hochschule Ostwestfalen-Lippe ein realer Porzellangarten nach einem studentischen Entwurf entstehen.

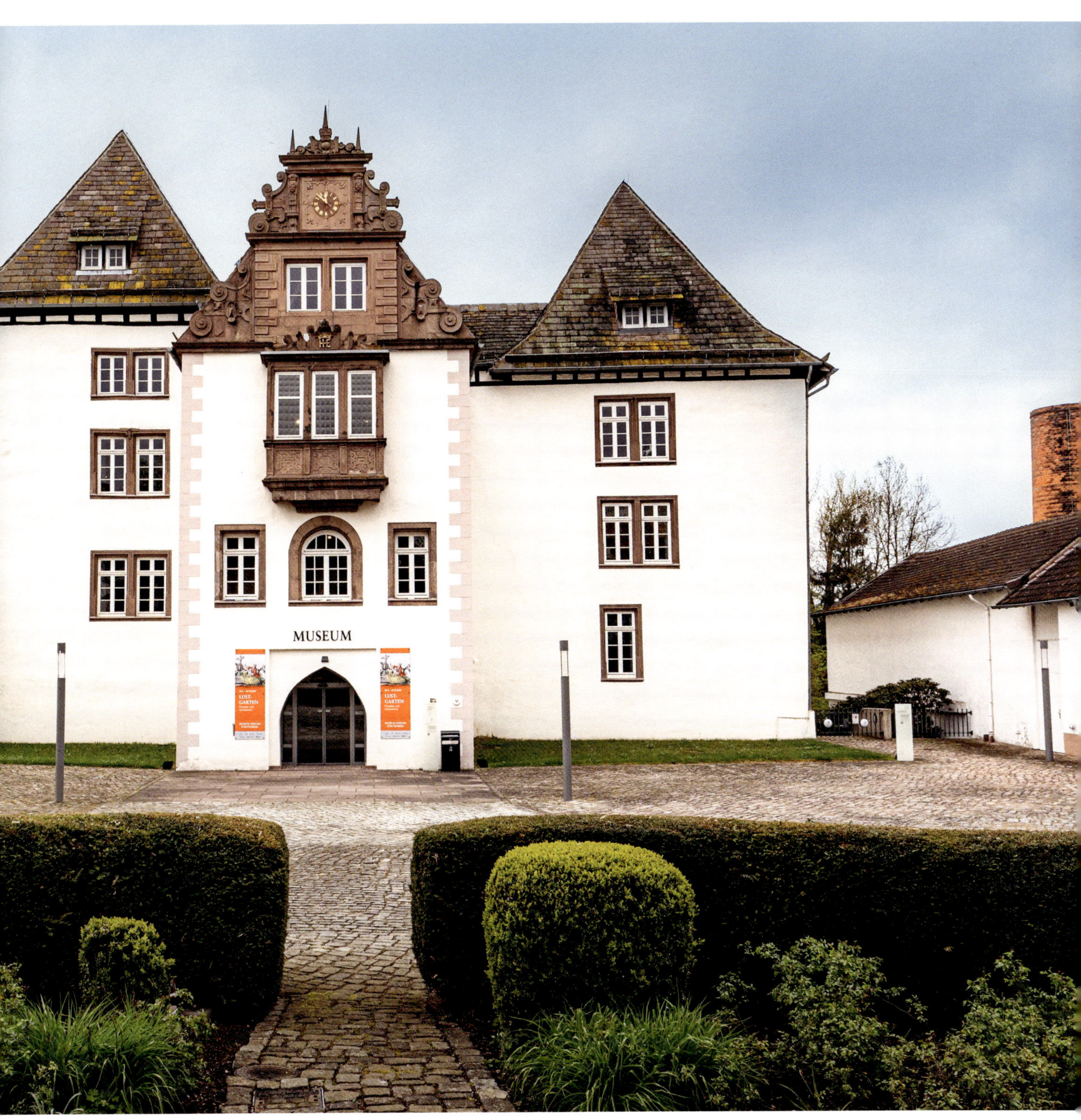
MUSEUM

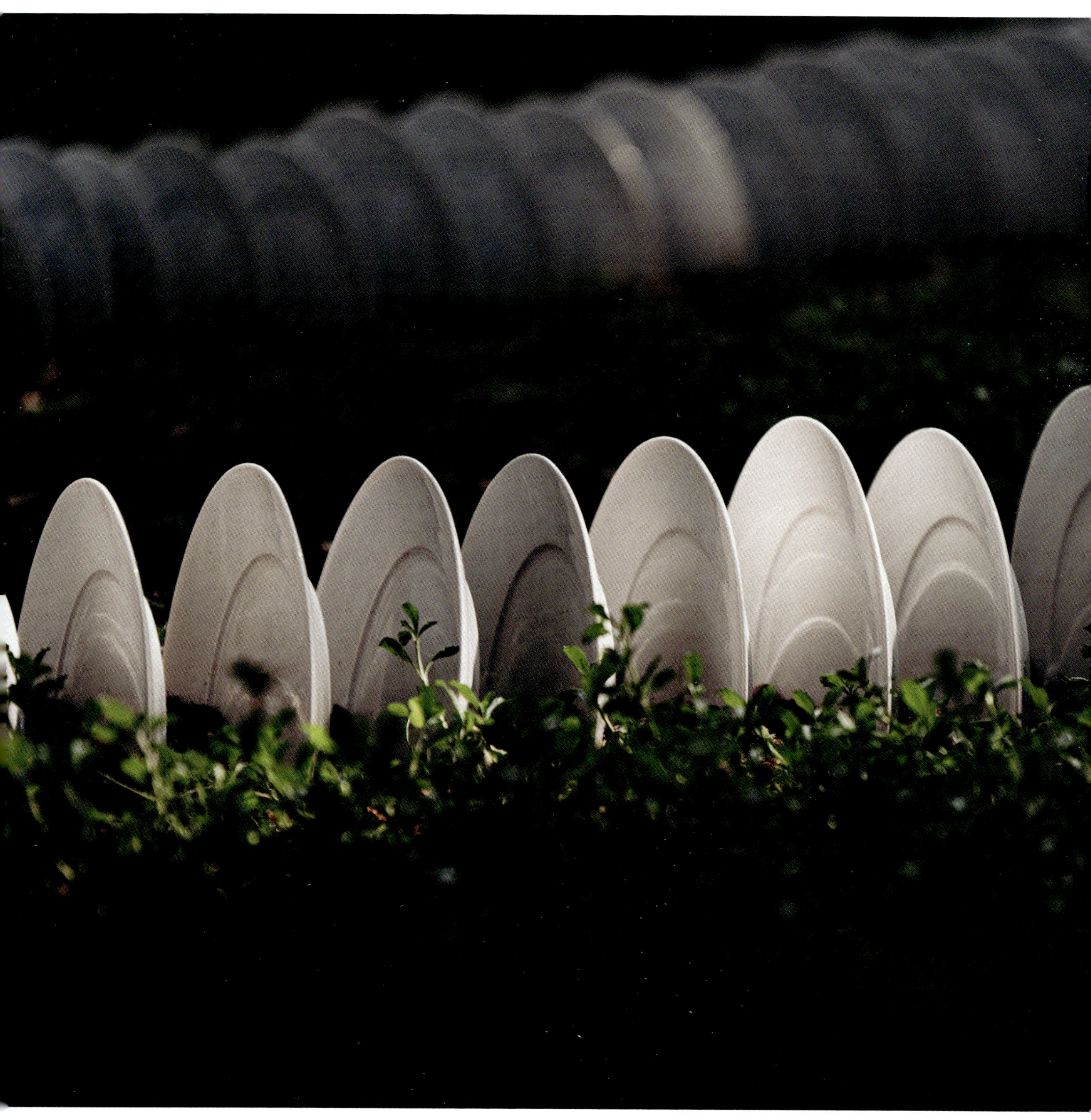

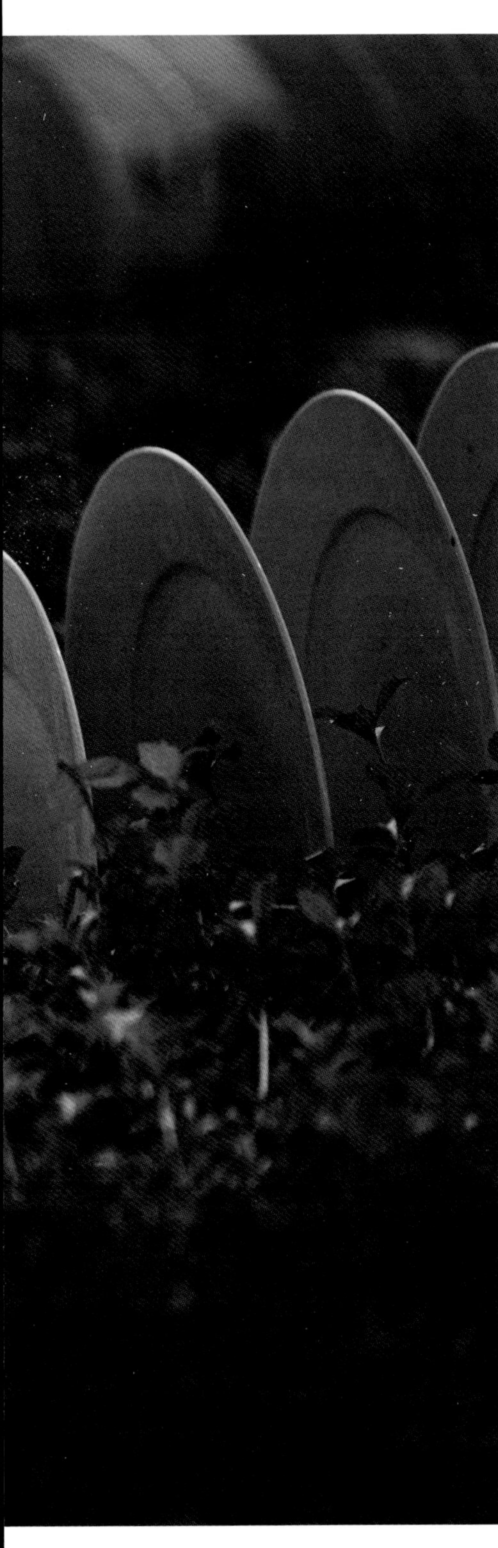

Kein Ausstellungsprojekt, sei es groß oder klein, kommt ohne Unterstützer:innen aus. Zuvorderst gilt mein besonderer Dank unseren Förderpartnern, die uns vertrauensvoll die notwendigen Mittel an die Hand gegeben haben: Porzellanmanufaktur FÜRSTENBERG GmbH, Niedersächsisches Ministerium für Wissenschaft und Kultur, Stiftung Niedersachsen, Niedersächsische Sparkassenstiftung, Braunschweigische Sparkassenstiftung, Landschaftsverband Südniedersachsen und Freundeskreis Fürstenberger Porzellan e. V. Ihnen allen sei diese Publikation dankbar gewidmet.

Unseren Leihgeber:innen danke ich herzlich dafür, dass sie uns ihre Porzellane für die Zeit der Ausstellung überlassen haben: Museum August Kestner, Hannover, Herzog Anton Ulrich-Museum, Braunschweig, Museum Huelsmann, Bielefeld, Porzellansammlung, Staatliche Kunstsammlungen Dresden, Museum Wolfenbüttel, Meissen-Porzellan Stiftung GmbH, Stadtmuseum Kassel, Dr. Christof Groß, Thomas Iwe und den Leihgeber:innen, die ungenannt bleiben möchten.

Die hervorragende Illustratorin und Schriftkünstlerin Marei Schweitzer verwandelte mit ihrer Szenografie und Ausstellungsgrafik die Räume in empfindsame Traumgärten. Für ihr Talent, ihre Kreativität und ihre Unermüdlichkeit bei der Umsetzung danke ich ihr besonders. Ebenso danke ich dem Designer Wolfgang Hartauer für seine Unterstützung bei der Ausstellungsarchitektur.

Jörg Mitzkat und seinem Verlagsteam danke ich für die angenehme Zusammenarbeit und die ebenso professionelle wie emphatische Gestaltung dieser Begleitpublikation.

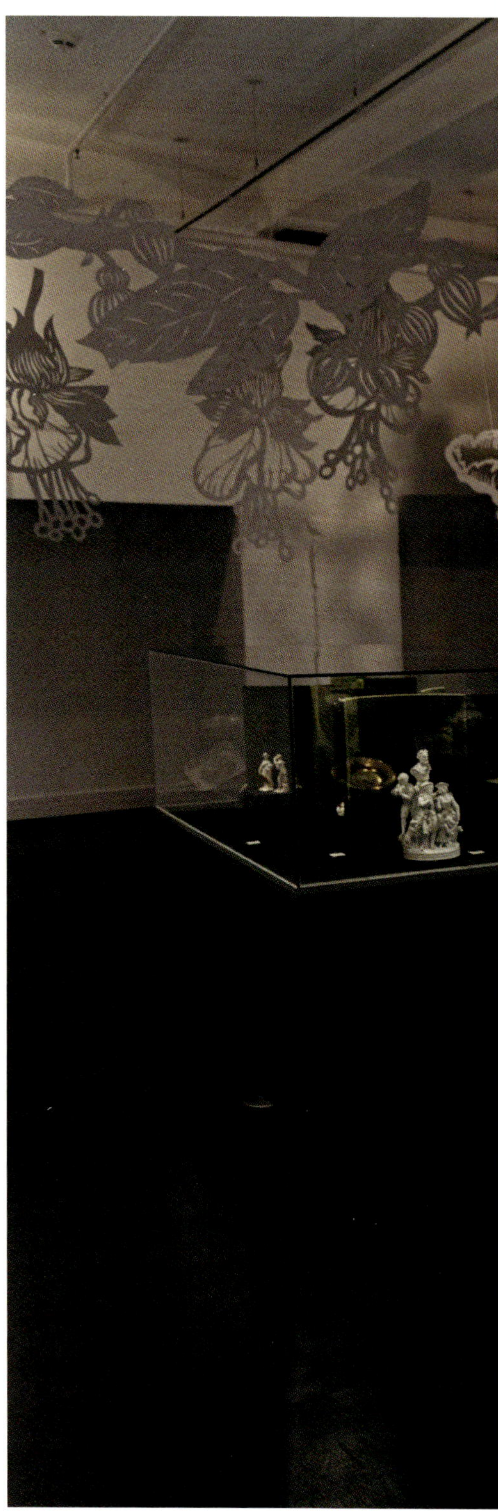

Den Kolleg:innen Dr. Claudia Kanowski, Dr. Christine Kitzlinger, Dr. Sally Schöne, Dr. Katharina Hantschmann, Dr. Julia Weber, Prof. Dr. Martin Eberle und Dr. Samuel Wittwer danke ich herzlich für den fruchtbaren kollegialen Austausch zum Thema.

Ohne das weitreichende Engagement von Prof. Dr. Hans-Peter Rohler, Prof. Ute Aufmkolk, Ute Aland und Jörg von der Reidt von der Technischen Hochschule Ostwestfalen-Lippe hätte es keinen Porzellangarten gegeben, dafür bin ich zutiefst dankbar. Niels Finke danke ich für seinen kongenialen Entwurf und die Tatkraft bei dessen Umsetzung. Dieser Dank gilt ebenso den vielen Studierenden, die im zeitigen Frühjahr bei Schneeregen mit bewundernswertem Eifer gegraben und gepflanzt haben. Die Kooperation mit der Technischen Hochschule ist eines der schönsten Ergebnisse des gesamten „Lustgarten"-Projekts. Die Geschäftsführerin der Landesgartenschau Höxter, Claudia Koch, war von Anbeginn eine begeisterte Anhängerin des Porzellangartens, wofür ich ihr sehr dankbar bin. Ebenfalls danke ich Daniel Hartmann, Bürgermeister von Höxter, für seine Unterstützung.

Meinem Team des Museums Schloss Fürstenberg danke ich für die bewährte Tatkraft, Unterstützung und Phantasie beim Finden von Lösungen für unvorhergesehene Herausforderungen: Cora Althusmann, Andrea Bitterberg-Garbe, Jörg Herzberg, Christopher Kahle, Dagmar Laske, Annett Marburg, Irma Miller, Isabel Pagalies und Anne Marte Sarrazin. Mein letzter und umso herzlicherer Dank gilt unserer Geschäftsführung, Claudia Ahrens-Wenzel und Friedemann Schnur, für das entgegen gebrachte außerordentliche Vertrauen und die stete Bestärkung.

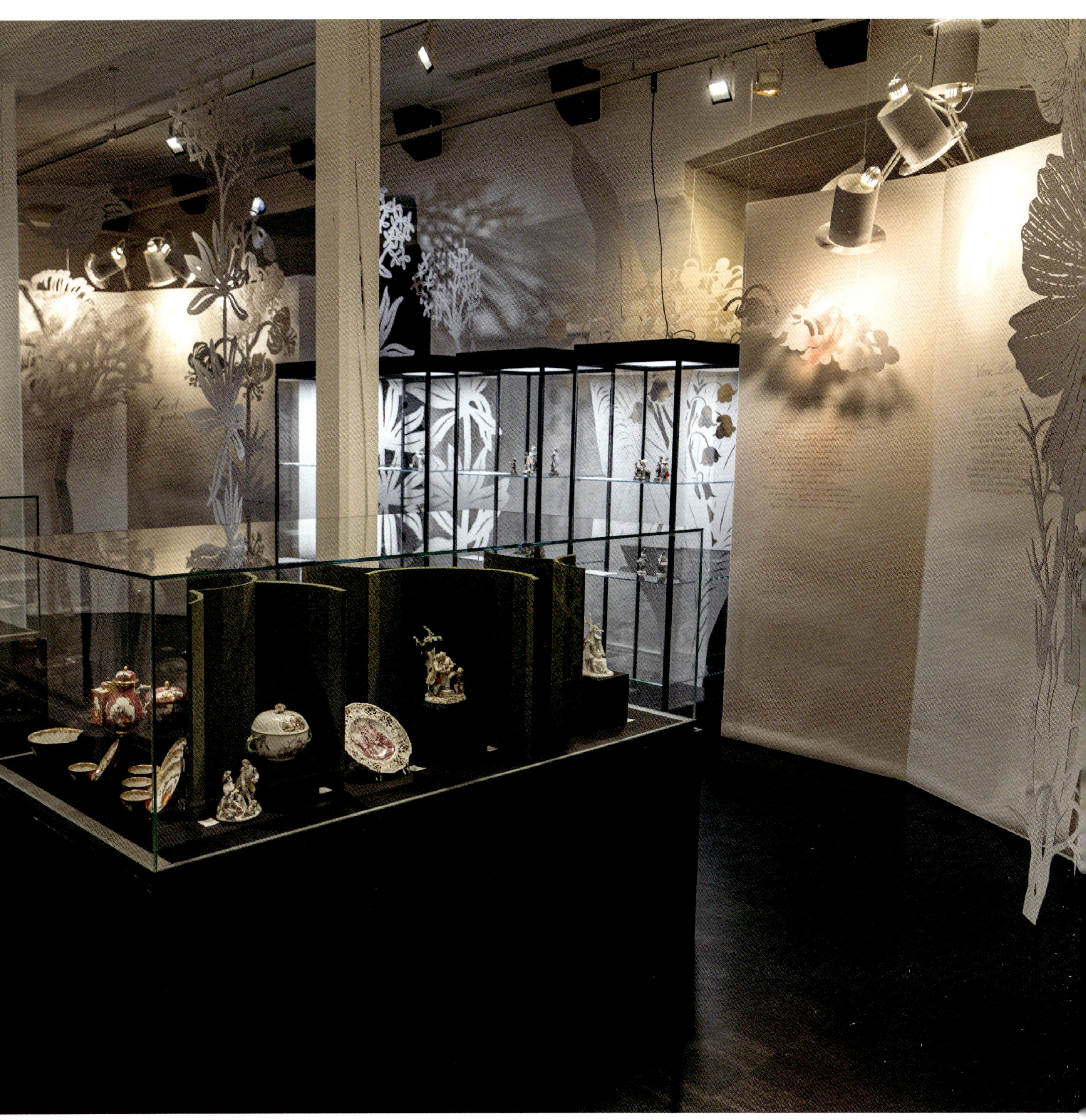

Lustgarten – Porzellan und Gartenkunst

Der Garten ist für die europäische Porzellankunst seit dem frühen 18. Jahrhundert eine bevorzugte Inspirationsquelle. Graziöse Gärtnerinnen, lustwandelnde Paare oder die Fülle der Gartenpflanzen – alles war auf und in Porzellan darstellungswürdig. Der Garten als Motiv war dabei mehr als bloßes Abbild: Als Raum zwischen zivilisatorischer Ordnung und wilder Natur bot er Möglichkeiten zur Imagination. So war – und ist – der Garten ein Ort der Sehnsüchte und der Phantasie.

„Gärten sind die Plätze, auf welchen der Mensch alle Vortheile des Landlebens, alle Annehmlichkeiten der Jahreszeiten mit Bequemlichkeit, mit Ruhe genießen kann."

Christian Cay Lorenz Hirschfeld, *Theorie der Gartenkunst*, Bd. 1, Leipzig 1779

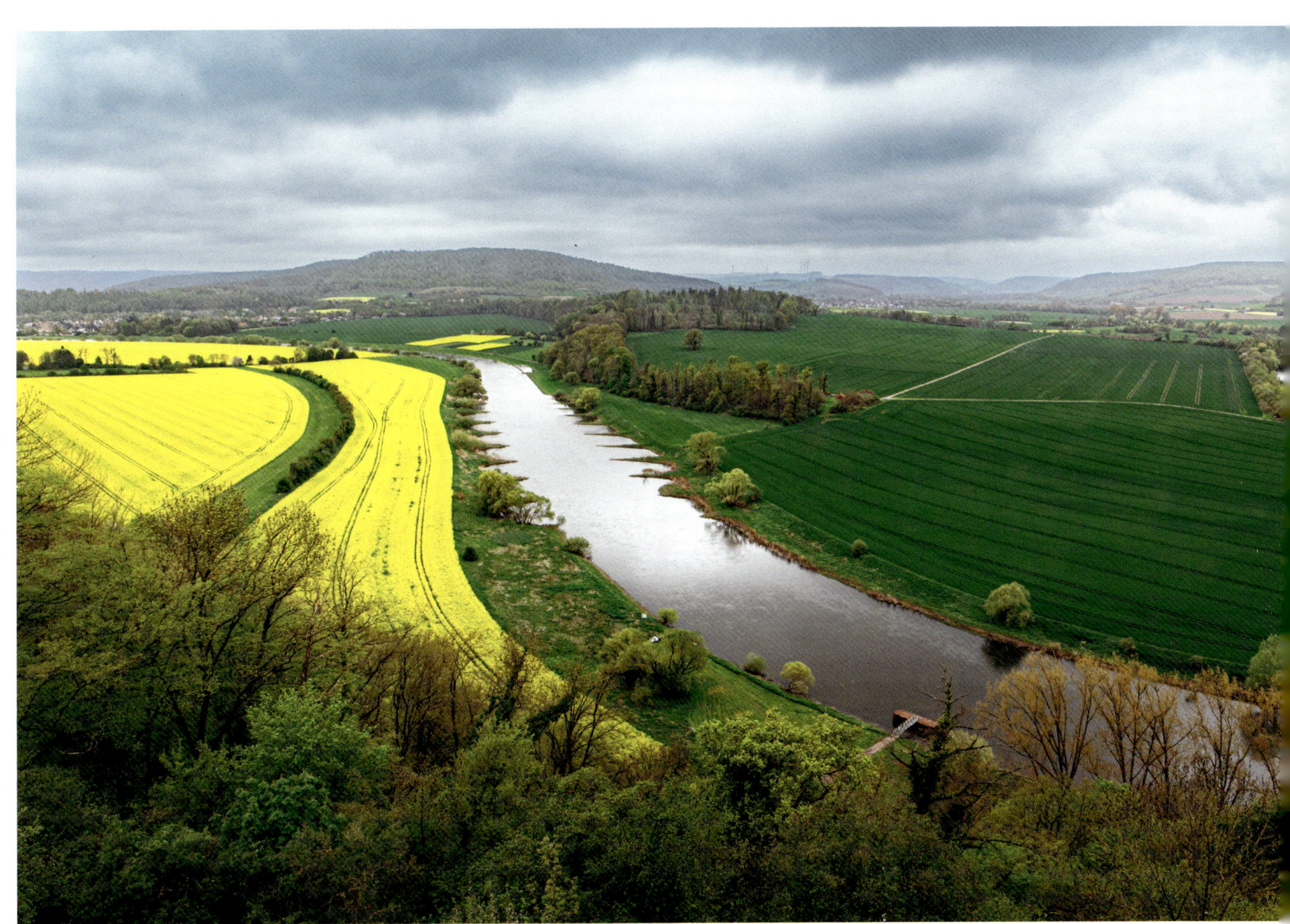

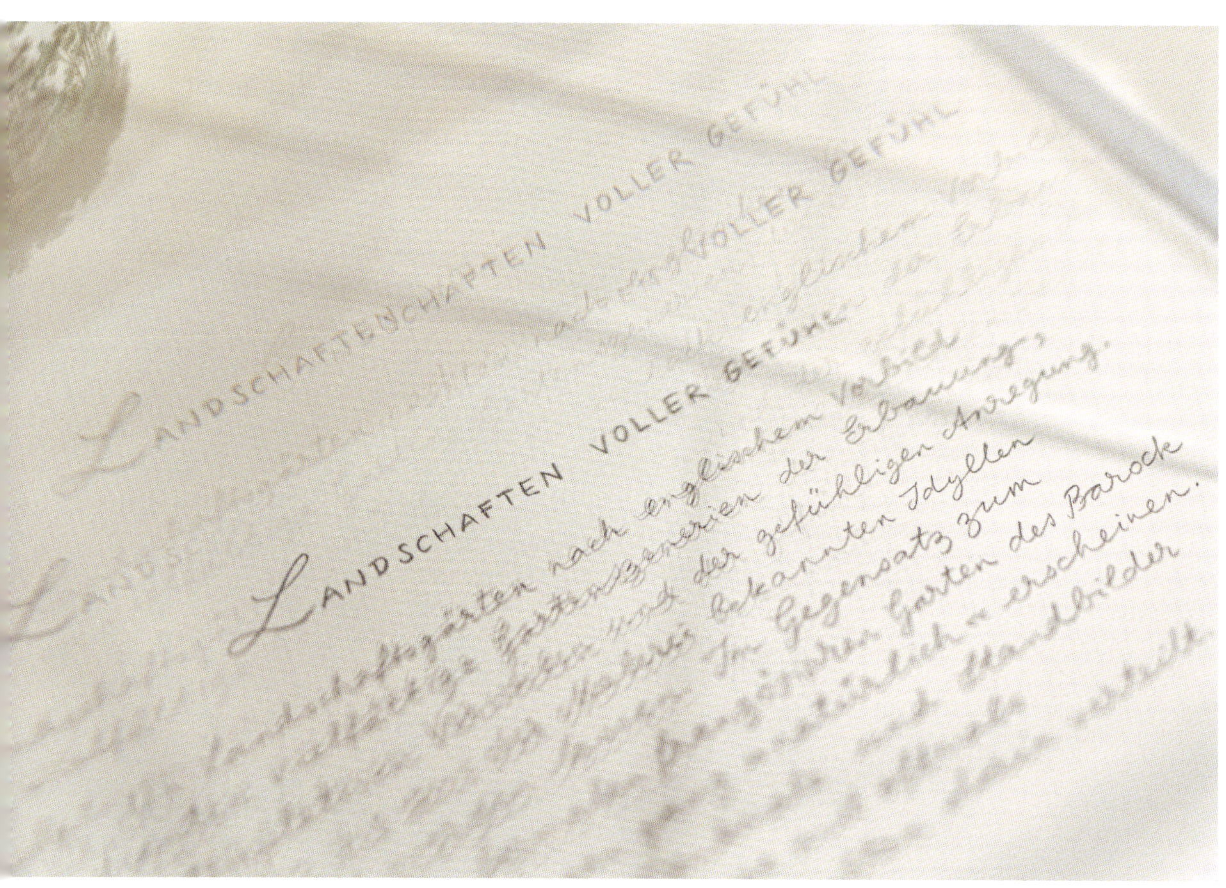

„Garten, ist ein mit Mauern, Plancken oder Zaunen umgebenes und wohlverwartes Stück Landes, welches entweder mit Obst=Bäumen, oder mit allerhand in die Haußhaltung dienenden Kräutern, Wurzeln und Früchten, oder mit Spatzier=Gängen, Hecken, Parterren, Blumen und anderen mehr zur Lust, als zum Nutzen versehenen Dingen, oder mit allerley zur Medicin dienlichen inn- und ausländischen Gewächsen besetzt und bepflanzt ist […].“

Johann Heinrich Zeidler, *Grosses vollständiges Universal-Lexicon aller Wissenschaften und Künster*, Leipzig 1731-1754

„Man pfleget auch […] solche Lustgärten nahe an des Fürstl. oder anderen Herren Pallästen oder Wohnhäusern anzulegen / damit solche hohe Personen dieselben auff ihren Schlössern täglich können beschauen / und dadurch destomehrer Lust und Ergötzlichkeit ferner angereitzet werden."

Heinrich Hesse, *Neue Garten-Lust*, Leipzig 1706

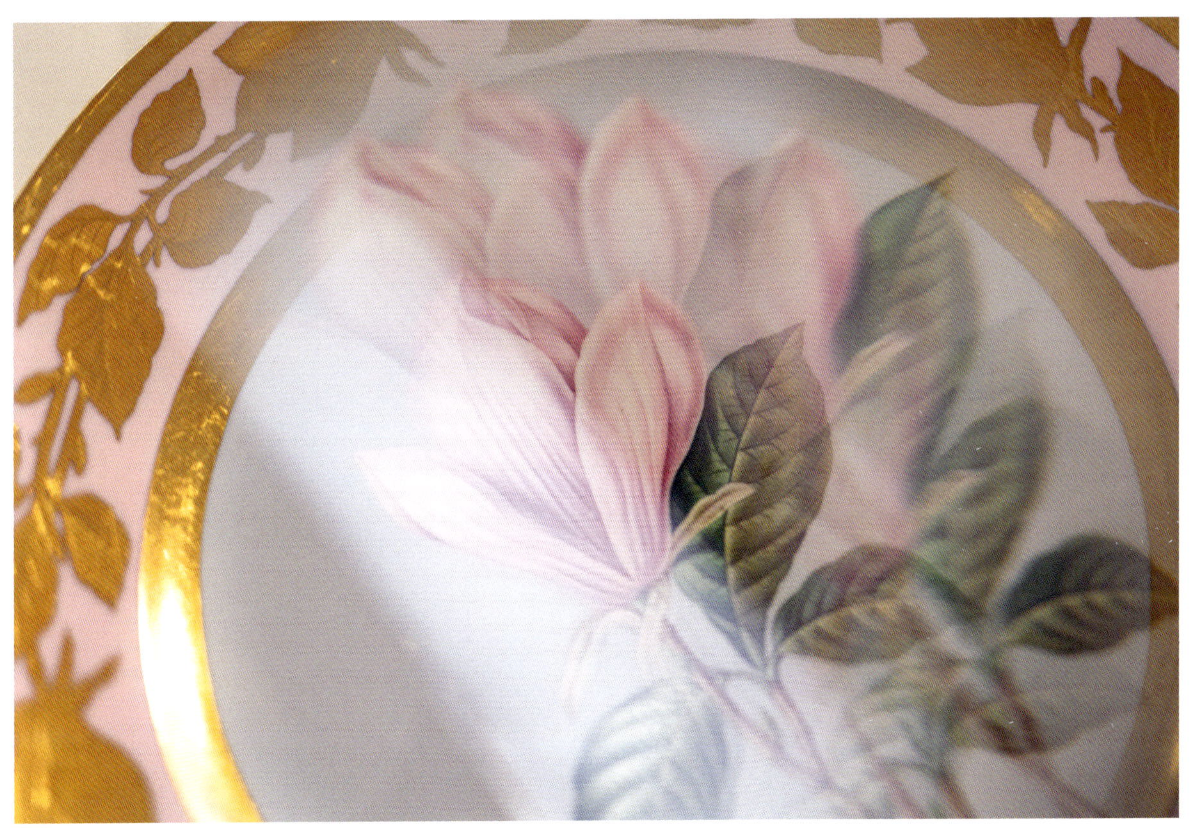

Lustgarten – Porzellan und Gartenkunst

Kaum eine andere Motivquelle hat sich in vergleichbarer Qualität und Quantität im Porzellan ausgeprägt wie die Gartenkunst. Bereits die frühesten europäischen Porzellane – Beispiele aus der 1710 gegründeten Manufaktur im sächsischen Meißen – greifen mit ihren Blatt- und Blütenauflagen letztlich Gartenmotive auf. Alsbald erschienen gemalte Gartenlandschaften mit und ohne ihr zugehöriges „Personal" und dekorative Elemente wie Kleinarchitekturen und Gartenplastiken als Sujets und Ornamente. Besonders die Vergnügungen der höfischen Gesellschaften im Garten wurden ab der Mitte des 18. Jahrhunderts zu einem Topos. Die Abbildhaftigkeit ist dabei in Frage zu stellen und in einer kulturhistorischen wie geistesgeschichtlichen Perspektive zu beleuchten. Gleiches gilt auch für die scheinbar rein dekorative Blumenmalerei zum Schmuck des Porzellans, anhand derer beispielsweise sich wandelnde Haltungen gegenüber der Natur ablesen lassen. Porzellan nahm im Gegenzug aber auch Einfluss auf die Gartenkunst, wenngleich in wesentlich bescheidenerem Umfang.

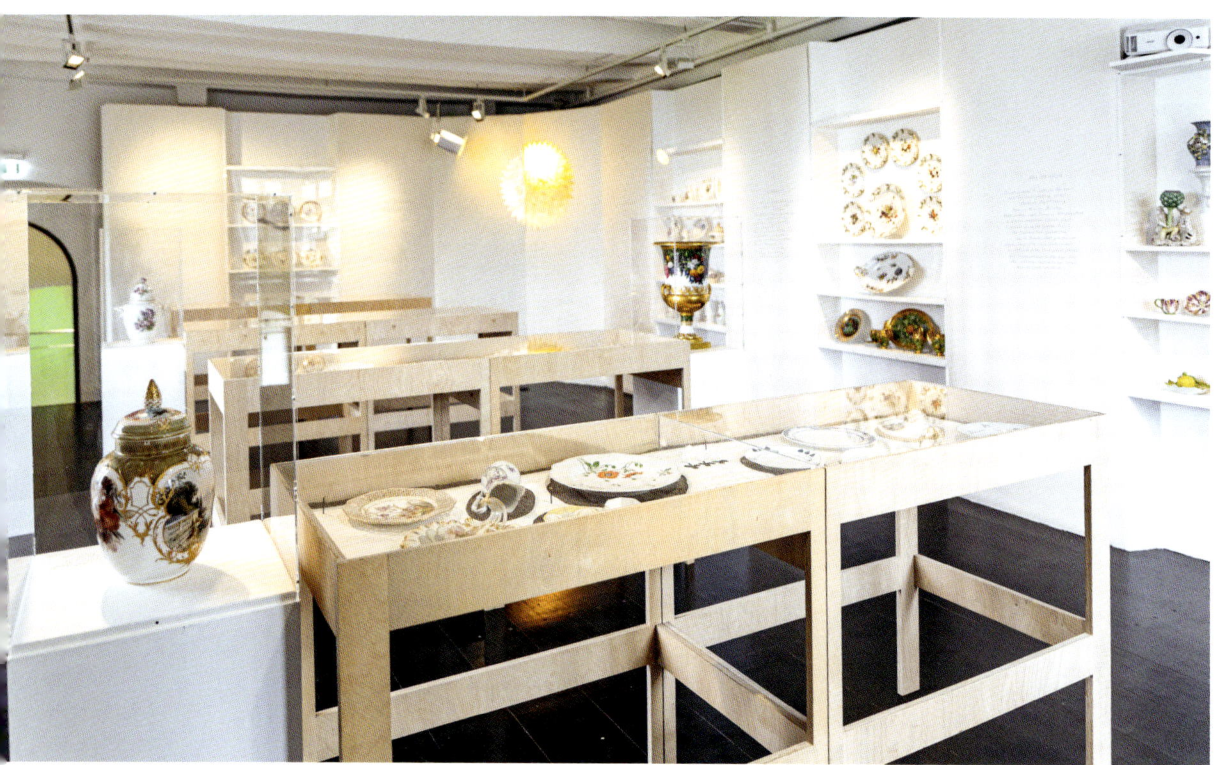

Das Material beziehungsweise seine Anmutung und die Berichte über die wundersame Porzellanpagode von Nanjing inspirierten Ludwig XIV. zur Errichtung des *Trianon de Porcelaine* im Schlosspark von Versailles, das als Rückzugsort für ihn und seine Mätresse Madame de Montespan vorgesehen war. 1670 wurden fünf Pavillons konstruiert, deren Fassaden großflächig mit blau-weißen Fliesen bedeckt waren, während die Attikabalustraden und Dachfirste gleichfarbige Gefäße zierten. Jahrzehnte bevor die Porzellanherstellung in Europa möglich wurde, schien der König von Frankreich ein Lustschloss aus dem kostbaren und rätselhaften Material zu besitzen. Tatsächlich handelte es sich aber um kobaltblau „à la chinoise" bemalte Fayence aus niederländischen und französischen Werkstätten. Dennoch vermittelt das Trianon-Projekt, wie seit dem Barock eine Verbindung vom Garten als besonderem Aktionsraum und Porzellan als Luxusmaterial hergestellt werden konnte. Die geringe Witterungsbeständigkeit der blau-weißen Fayence ließ den Glanz des *Trianon de Porcelaine* bald verblassen und bereits 1687 wurden die Gebäude wieder abgetragen. Verbreiteter war hingegen die Verwendung von ostasiatischen Porzellangefäßen oder deren Nachempfindungen in Fayence als Pflanztöpfe, zumal für die kostbaren Zitrusgewächse, die unbedingt in möglichst großer Zahl einen herrschaftlichen Garten schmücken mussten. Im Verlauf des 18. Jahrhunderts kamen Blumentöpfe und Orangeriekübel auch aus europäischem Porzellan auf.

Die Ausstellung nimmt das Thema in drei Teilbereichen in den Blick. Unter der Überschrift „Leben im Garten" versammeln sich Darstellungen von Gärtnern und Gärtnerinnen, höfischen Festgesellschaften und Liebespaaren sowie Beispiele der in unzähligen Varianten erscheinenden Schäferidyllen. Es schließen sich „Gemalte Gärten" an, die entweder Phantasiestücke oder Ansichten real existierender Gärten sind. Der dritte Teil ist der Blumenmalerei gewidmet als der umfangreichsten Dekorgattung in der Porzellankunst.

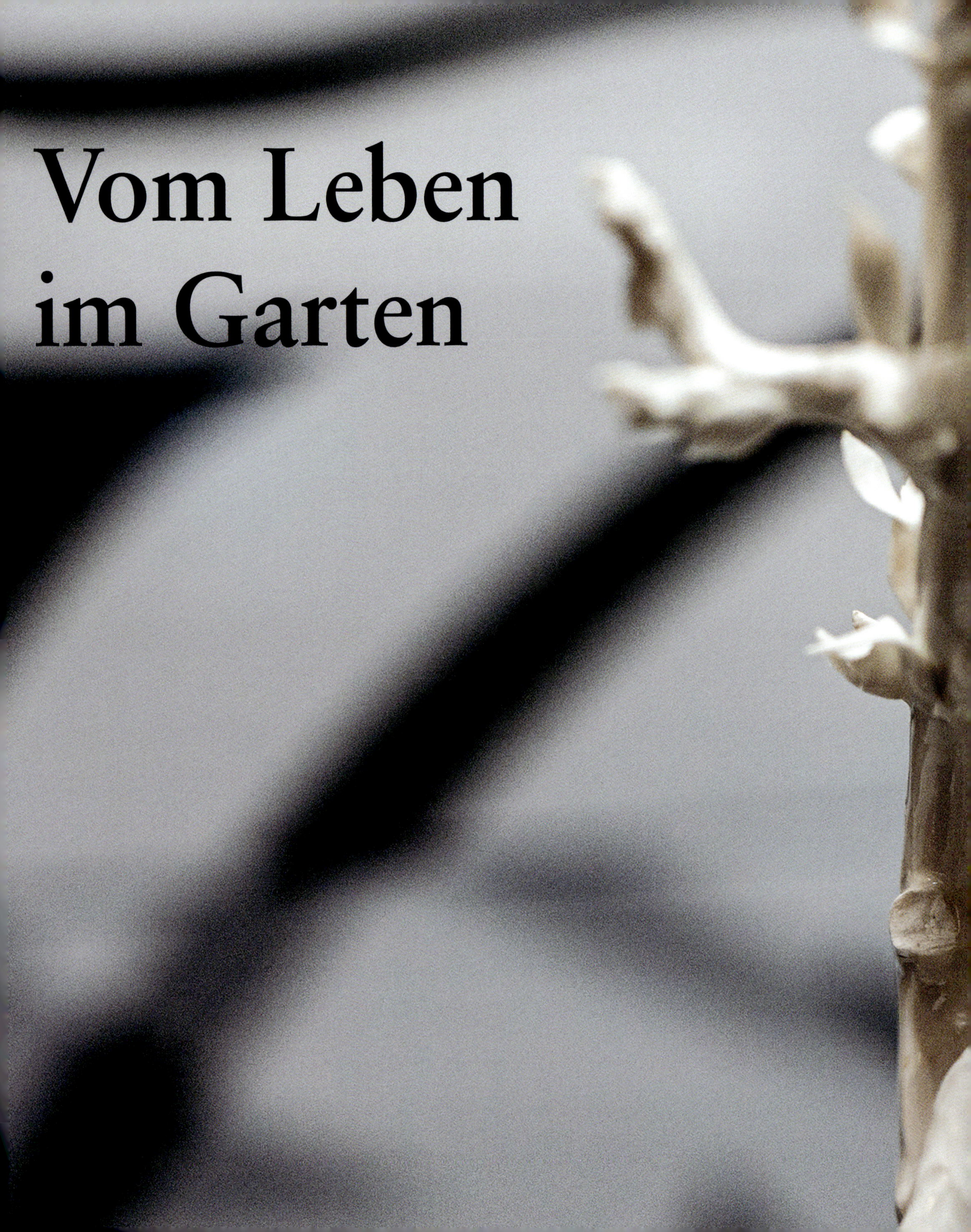
Vom Leben
im Garten

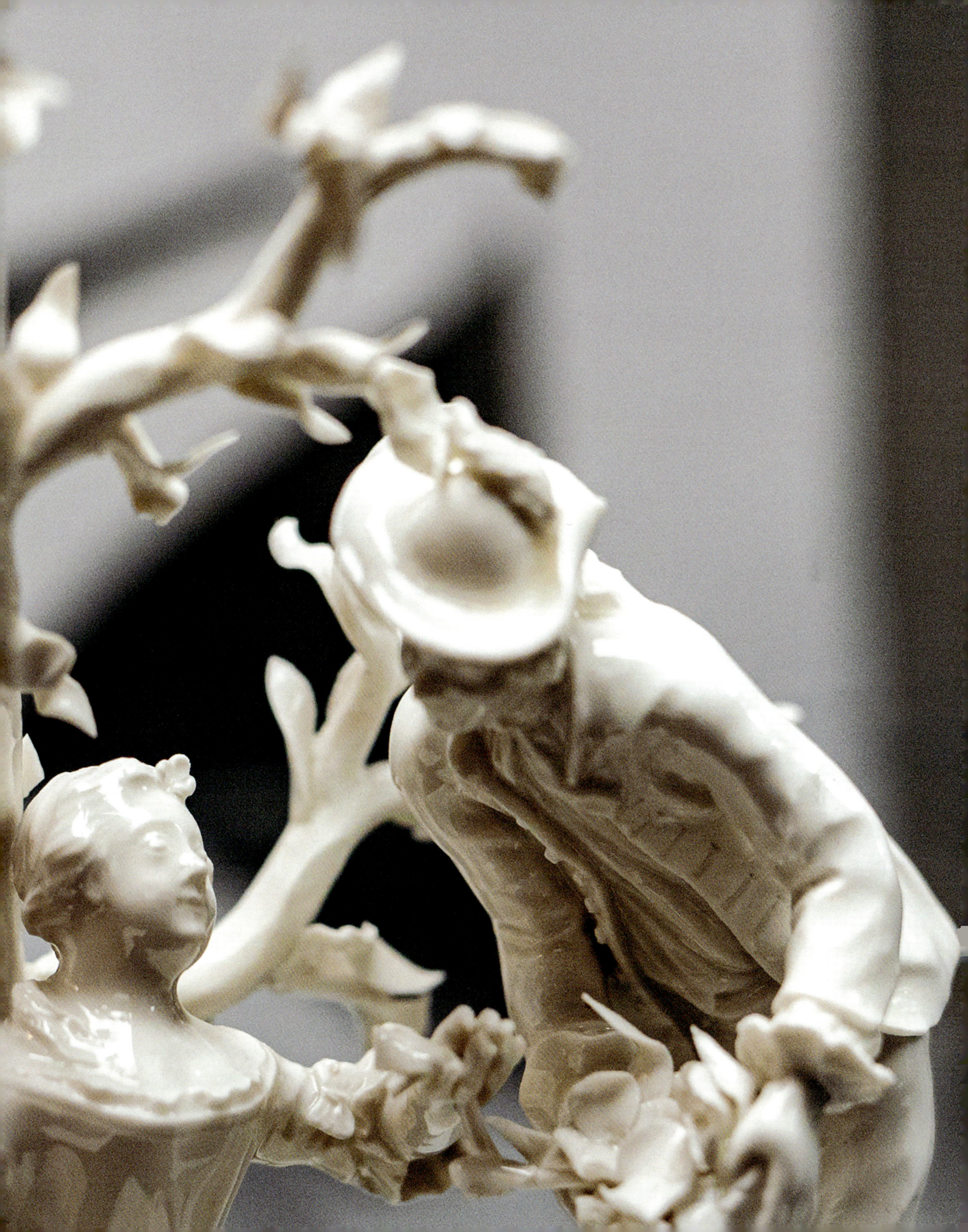

Pflücken und Pfropfen, Jäten und Schaufeln

Es mag auf den ersten Blick scheinen, dass die Gärtnerinnen und Gärtner in Porzellan Momentaufnahmen von Gartenarbeit darstellen. Im Detail sind Gerätschaften und Werkzeuge oft sehr genau wiedergegeben. Doch die Motive waren gerne als Jahreszeiten- oder Elementallegorien gemeint. Selbst religiöse Ideen – fußend auf der Vorstellung von Christus als Gärtner – konnten anklingen. Aber oft waren auch erotische, bisweilen sogar sexuelle Anspielungen wirksam: Der Garten als Symbol der Fruchtbarkeit und des Lebens sowie die in ihm agierenden Figuren ließen entsprechende Deutungen zu.

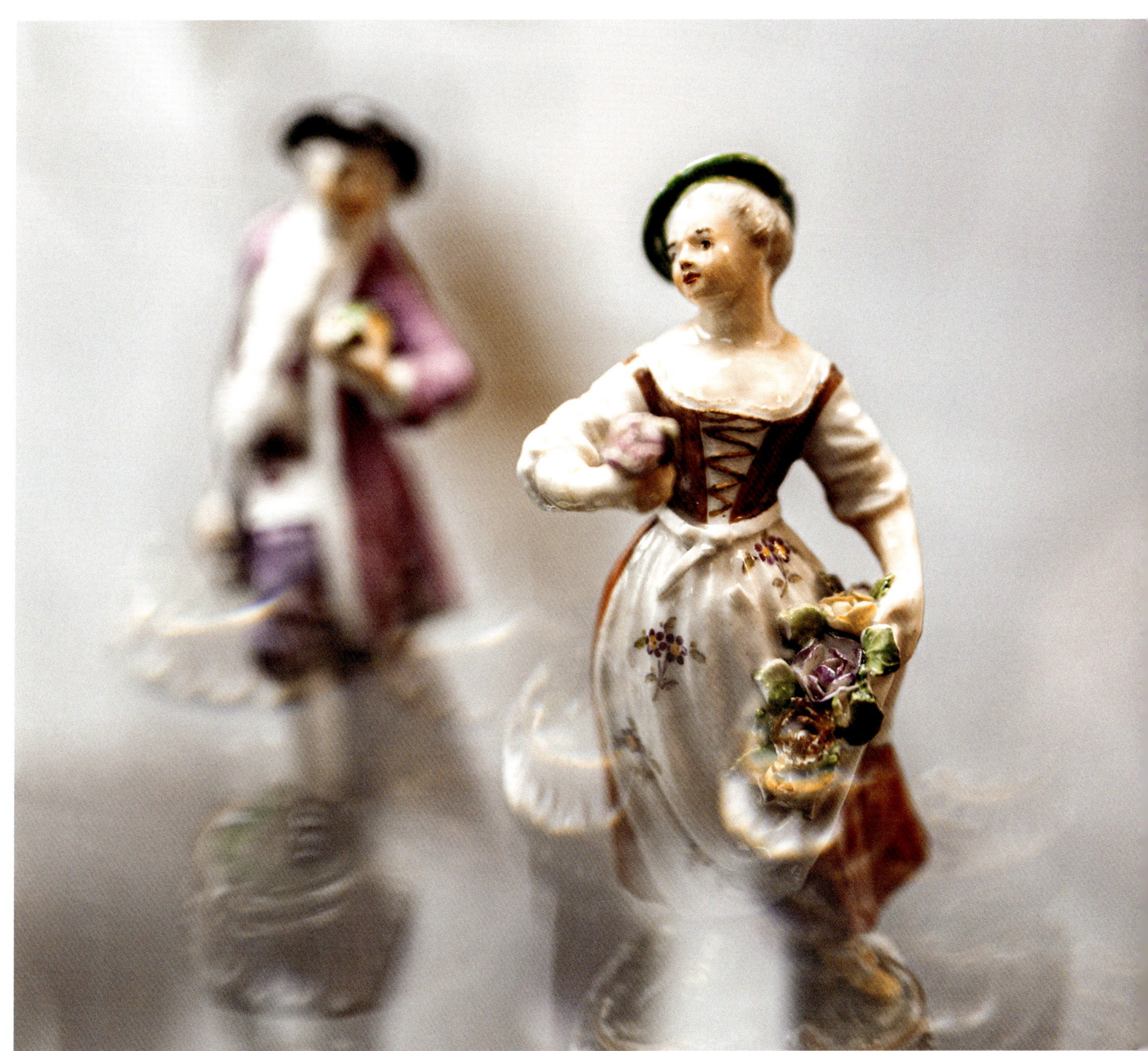

Die Darstellungen von Menschen im Garten verführen leicht zu der Annahme, sie illustrierten, wie im 18. Jahrhundert in den Gärten wirklich gefeiert, promeniert, geflirtet und gearbeitet wurde. Vielmehr sind es aber symbolhafte Bilder, die den Garten als Rahmen benötigten, weil dort die strengen Regeln des höfischen Zeremoniells – vermeintlich – gelockert waren. Während bei den Gärtnerfiguren eine gewisse Realitätsnähe durch die minutiöse Wiedergabe von Werkzeugen zu verzeichnen ist, ist ihr Habitus fern von den schweißtreibenden Anstrengungen der in den Schlossgärten tätigen Menschen. So ist ein Gärtner in elegantem Kostüm (Kat. Nr. 5 und 6) vielmehr als ein Höfling zu betrachten, der einen Gärtner bei einer Maskerade spielt. Solche Kostümfeste waren ein beliebtes Divertissement des Adels, dessen Angehörige sich durch das Anlegen einer Verkleidung selbstinszenierend der Vorstellung eines einfachen und natürlichen Landlebens hingeben konnten. Auch das Ludwigsburger Gärtnerpaar von Johann Adam Bauer dient nicht der Anschauung echter Gartenarbeit, sondern des frivolen Amüsements: Geradezu schlüpfrig werden die Reize der Gärtnerin vorgeführt, deren Brustwarzen über dem Saum des Ausschnitts hervorschauen, während Dank des gerafften Rocks und des herabgerutschten Strumpfs ihr rechtes Knie bloß liegt. In ihrer rechten Hand hält sie ein Pflanzholz, dessen phallische Konnotation sich geradezu aufdrängt. Der neben ihr stehende Gärtner ist im Begriff, seinen Spaten in das Erdreich zu versenken, dabei wendet er sich ihr in eleganter Körpertorsion zu (Kat Nr. 15). Der erotisierende Sinngehalt verbindet sich dabei mit dem Garten als symbolischem Ort der Fruchtbarkeit.

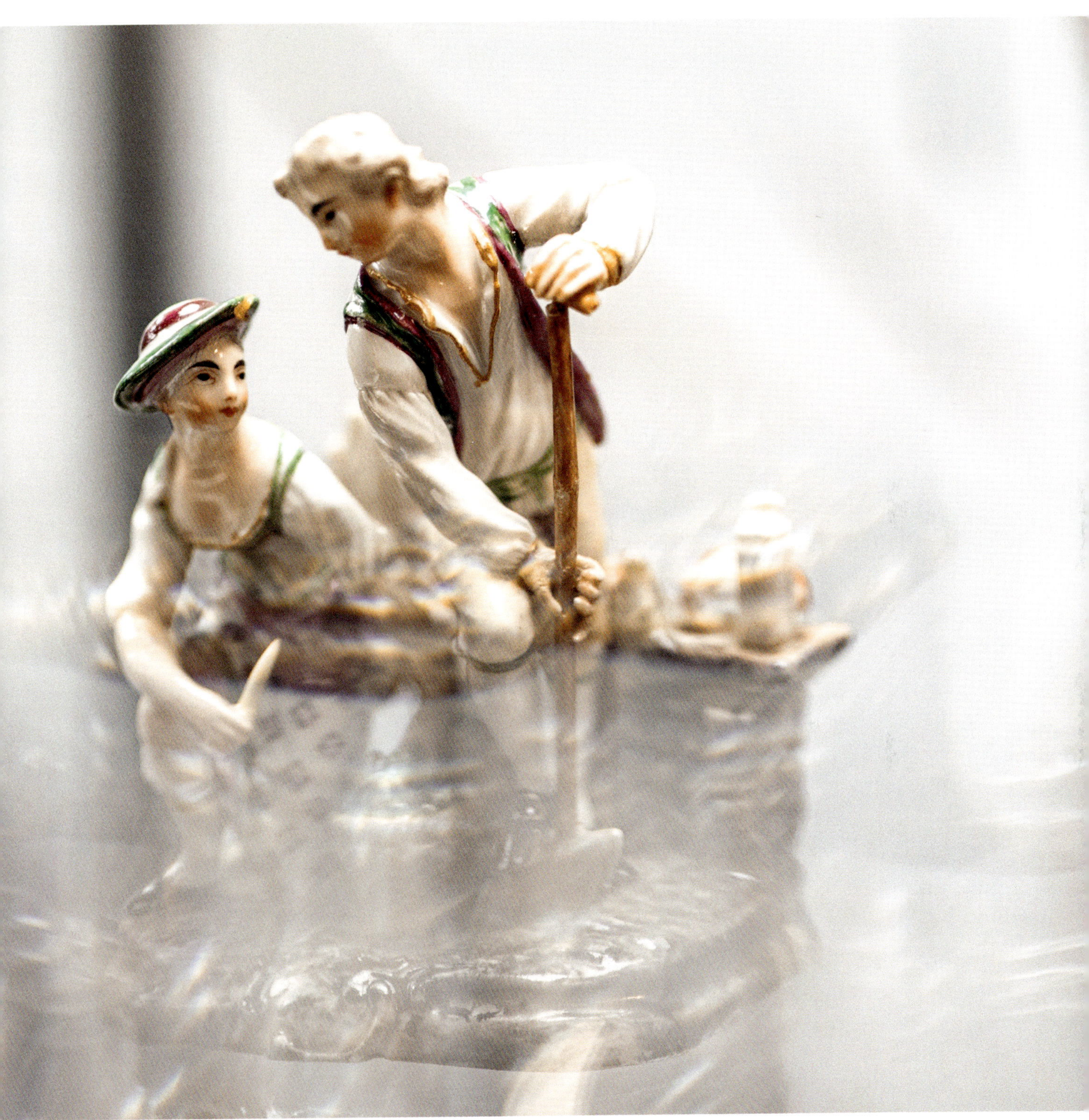

„In meinem Garten find ich / Viel Blumen schön und fein…“

Die Motive stecken oft voller Anspielungen und erotischer Andeutungen: Wenn die Dame einen Vogelkäfig öffnet, den der Kavalier ihr hinhält, dann symbolisiert dies ihr Einverständnis… Zu diesen frivolen Aussagen passen die Gartenszenerien, weil damit ein Raum angedeutet wird, in dem eine so unbefangene und direkte Annäherung als möglich gedacht wurde. Denn im Garten konnten die strengen Regeln der höfischen Etikette vermeintlich gelockert werden.

Die Darstellungen der Lustbarkeiten gehen zumeist zurück auf Gemälde von Antoine Watteau und anderen Künstlern. Deren Bilder wurden in Kupferstichen reproduziert und dienten als Vorlagen. In der Porzellankunst werden solche Dekore daher als „Watteaumalereien“ bezeichnet.

Die Modelleure und Maler in den Manufakturen entnahmen die Sujets kaum der eigenen Anschauung. Vielmehr nutzten sie die weit verbreiteten Kupferstiche als Vorlagen. Dabei handelte es sich entweder um Reproduktionen nach Gemälden von Künstlern wie Antoine Watteau, François Boucher oder Jacopo Amigoni, die auf diese Weise popularisiert wurden, oder um eigenständige Werke von Grafikern wie Johannes Esaias Nilson oder Jean-Baptiste Pillement. Letztere verlegten thematisch gebundene Mappenwerke mit Ornamententwürfen und figürlichen Szenen.

Der Umgang mit den Vorlagen durch die Manufakturkünstler war gekennzeichnet durch oft sehr freies Variieren und auch Kombinieren. Je nach dem zu dekorierenden Gegenstand konnte beispielsweise ein Porzellanmaler eine Figurenszene reduzieren oder erweitern, um sie der zur Verfügung stehenden Fläche etwa auf einer Vase oder einer Tasse anzupassen.

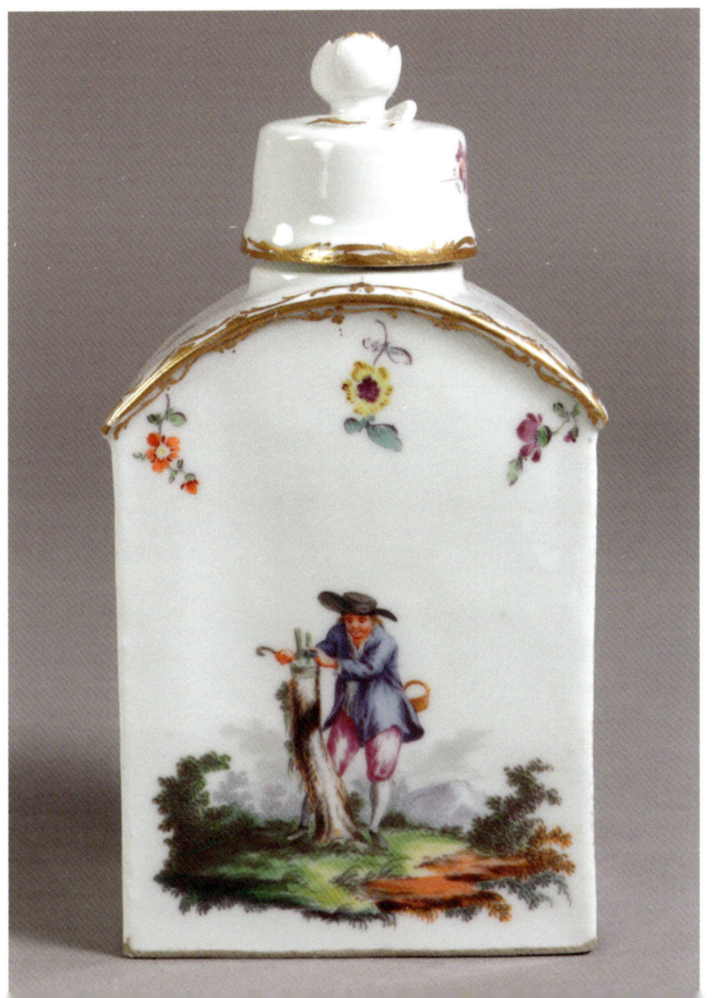

„In meinem Garten find ich / Viel Blumen schön und fein...“

Die erotische Gartenmetaphorik durchzieht die Darstellungen höfischer Lustbarkeiten, die – in der Porzellanmalerei als „Watteaumalerei“ zum Gattungsbegriff geronnen – die Vorstellungen von Porzellankunst des Rokokos bis heute prägen und oft auch determinieren. In gemalten Dekoren wie auch in der Porzellanplastik sind die anmutigen Liebespaare, schäkernden Komödianten und musizierenden Damen und Kavaliere vielfältig anzutreffen. Wenngleich der Aufenthalt im Garten, sei es zum Zweck der Promenade oder bei einer Festivität, zu den etablierten Vergnügungen der Hofgesellschaft gehörte, dürfen die Porzellane nicht als Momentaufnahmen missverstanden werden. Vielmehr zeigen sie die Wunschvorstellungen einer durch Etikette und Zeremoniell streng reglementierten Gesellschaft: „Das Hof-Leben ist eine Versammlung vieler klugen Leute, die ihre Handlungen zum Vergnügen ihrer Herrschafft einrichten wollen, eine Werckstatt der Politesse, eine Schule der Geduldt, eine prächtig scheinende Sclaverey und ein Sammel-Platz des Neides und der Mißgunst.“[1] Im Gartenraum konnte diesen Zwängen zeitweilig und bis zu einem gewissen Grad entflohen werden, wie es Julius Bernhard von Rohr in seiner „Ceremonial-Wissenschafft“ von 1730 beschreibt, sogleich aber verbunden mit einer Warnung: „Gleichwie es scheint, daß auf dem Lande mehr Freyheit sey, und daß man daselbst die Verdrüßlichkeiten des Stadt-Lebens beschneiden könne; Also uberläst man sich daselbst den grösten Unordnungen. Die Bequemlichkeiten die man allda hat, ohne Argwohn und Verdacht abgesondert, mit einander spatzieren zu gehen, und sich bißweilen an abgesonderten Oertern zu finden, giebt offt zu grosser Freyheit Gelegenheit. Die Lufft, das schöne Wetter, die Anmuth der Felder reitzt alles zur Lust an, und ein Hertz, welches hierzu geneigt, und bereits durch die Verwirrungen der Welt verführt ist, befindet sich in einer schlüpffrigen Gefahr, welche einen sodann in jähes Stürzen fallen läst.“[2] Es waren die „schlüpffrigen Gefahren“, die wiederum die Künstler reizten, sie ins Bild zu setzen zum Amusement des Publikums. Beispielhaft zeigt sich dies in der Bemalung der Deckelinnenseite einer Fürstenberger Tabatière (Kat. Nr. 36): Ein Kavalier hält einer auf einer Rasenbank sitzenden Dame einen Vogelkäfig entgegen. Sie hat entweder den darin zuvor sitzenden Vogel herausgelockt oder ist im Begriff, ihn wieder hineinzusetzen. Ihre Handlung bleibt damit unbestimmt und eröffnet Interpretationsspielräume, wobei die erotische Konnotation unzweifelhaft ist.

1 Julius Bernhard von Rohr, Einleitung zur Ceremoniral-Wissenschafft der Privat-Personen, 2. Auflage, Berlin 1730, S. 221f.

2 Ebenda, S. 514f.

„Je schwerer die Regiments-Last, die grossen Herren bey Beherrschung ihrer Länder auf dem Halse lieget, je mehr Erquickung und Ergötzlichkeiten haben sie auch vonnöthen."

Julius Bernahrd von Rohr, *Einleitung zur Ceremonial-Wissenschafft der grossen Herren*, Berlin 1733

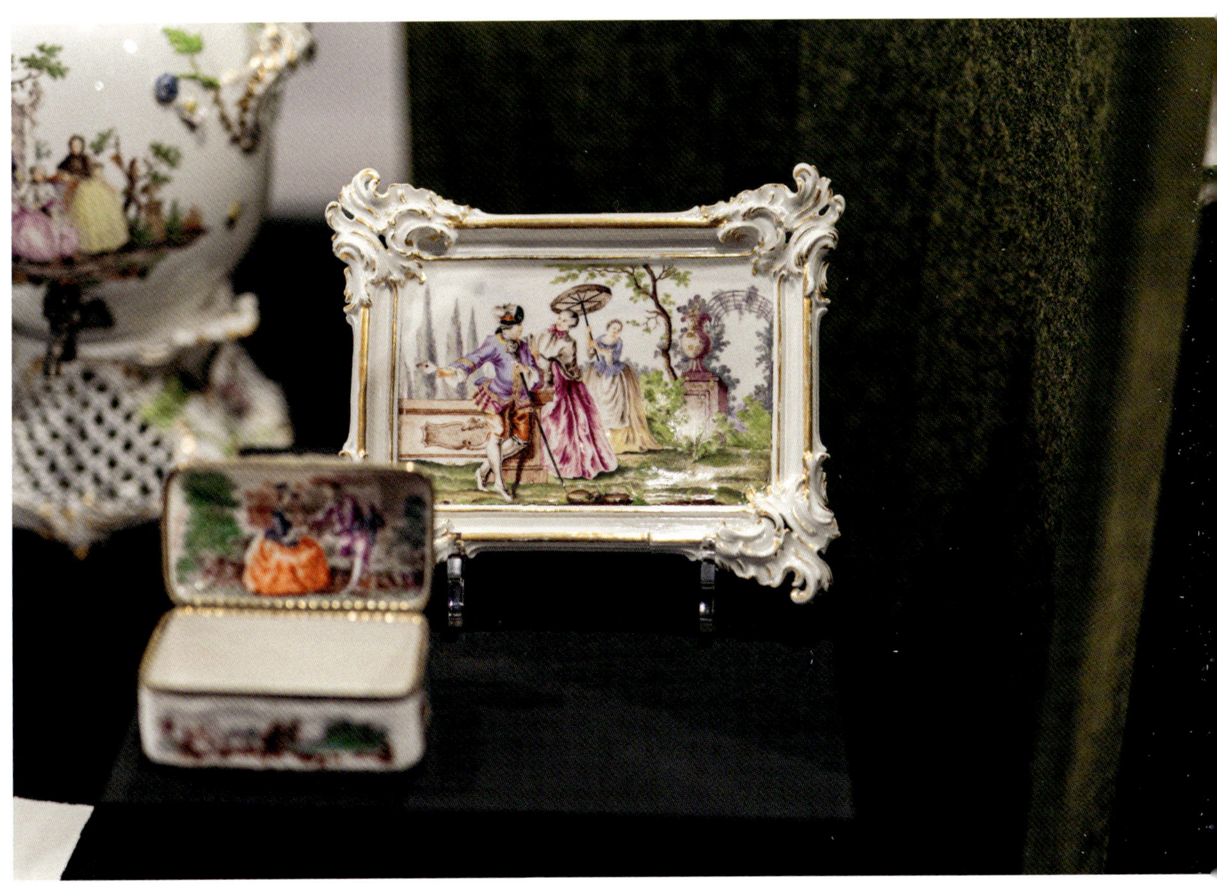

Empfindsame Liebe in Arkadien

In der Literatur und der bildenden Kunst war das Schäferidyll im 18. Jahrhundert äußerst beliebt. Die Sehnsucht des Adels und des vermögenden Bürgertums nach einem einfachen Leben in der Natur fand darin seinen Ausdruck. Man stellte sich ein ungezwungenes Hirtendasein vor, inmitten braver Tiere und lieblicher Landschaften. Es war eine idealisierte Vorstellung vom Landleben, die mit der Lebensrealität der Bauern kaum etwas zu tun hatte. In diesen Motiven wurden gerne neue Vorstellungen von der Liebe als einem sanften und intimen Gefühl artikuliert.

Eine äußerst beliebte Motivgattung in der Porzellankunst des 18. Jahrhunderts waren die Schäferidyllen oder auch „Pastoralen". Zunächst war das Thema literarisch aufbereitet worden, den Anfang markierte Jacopo Sannazaro (1457–1530) bereits in der Renaissance mit seiner Schäferdichtung *Arcadia*. Das von ihm entworfene Idealbild eines zwar antikischen, aber letztlich doch zeit- und örtlich unbestimmten *locus amoenus*, einer lieblichen Landschaft mit Quellen, lichten Wäldern und blumenbestandenen Wiesen, diente als Raum für die Schilderungen eines friedlichen Hirtenlebens.

Das Setting griff Honoré d'Urfé (1567–1625) mit seinem Roman *L'Astrée* auf, in dem die Irrungen und Wirrungen auf dem Weg zum Liebesglück des Hirten Céladon und der Hirtin Astrée auf über 5000 Seiten ausgebreitet werden. Der Roman fand großen und nachhaltigen Anklang beim Publikum dank der einfühlsamen Personendarstellungen und der eleganten Sprache sowie in der Darstellung, dass das Beziehungsglück zweier Menschen einzig auf der Grundlage des sentimentalen Gefühls – eben der Liebe – zu finden sei. Ihm folgten unzählige Dichtungen und Bühnenstücke, in denen ein idealisiertes Hirten- und Schäferleben verbreitet und zum Sehnsuchtsziel des Publikums wurde. So waren die Pastoralen zwar enthoben von den Missbillen der realen Gegenwart, stellten mit ihren elegant gekleideten Protagonisten aber einen anschlussfähigen Bezug zum adressierten, elitären Publikum her. Auch wenn letzteres um die Künstlichkeit wusste – oder gerade deswegen –, wollte es diese Idyllen nicht nur beim Lesen imaginieren oder für den kurzen Moment einer Aufführung erleben, sondern eine dauerhafte Visualisierung haben. Die Maler, Grafiker und Bildhauer lieferten und kreierten die gewünschten Bilder – allen voran François Boucher (1703–1770), dem bereits zu Lebzeiten die Erfindung dieser Bildgattung zugeschrieben wurde. Durch die Porzellanmanufakturen wurden seine und die Bildfindungen anderer weiter popularisiert, indem eine Vorlage wie Bouchers „Liebesbrief" zum Hauptstück des Dekors eines Solitaires aus der Porzellanmanufaktur Frankenthal wurde (Kat. Nr. 25). Als Porzellanplastiken wirkten die Schäferinnen und Schäfer noch unmittelbarer und konnten als Tafelaufsatz einen Dessertgang in eine idyllische Landschaft verwandeln. Diese wiederum fanden ihre gartenkünstlerische Entsprechung in künstlichen Dörfern, die in den Schlossparks entstanden wie das berühmte „Hameau" von Marie Antoinette (1755–1793) in Versailles. Dorthin konnte die Hofgesellschaft dem Zeremoniell eskapieren und selbst Teil des ästhetisierten ländlichen Ideals werden. Das „Zurück zur Natur" eines Jean-Jacques Rousseau (1712–1778) war auf diese Weise innerhalb eines gewohnten Kontextes, dem privilegierten höfischen Leben, umsetzbar als zugleich intellektuelles Konzept und Amüsement.

Die Beliebtheit der Pastorale stand im deutlichen Widerspruch nicht nur zur Realität eines zeitgenössischen Hirtenlebens, sondern auch zur sozialen Stellung des Schäfers. Der Berufsstand wurde im 18. Jahrhundert als unehrenhaft betrachtet und seine Angehörigen grundsätzlich als unehrlich, wenn nicht gar verbrecherisch gesehen: „Was dieses in alten Zeiten vor eine ehrliche und geachtete Handthierung gewesen, ist bekannt, heut zu Tage aber hat diese Art Leute durch der meistern ihre gewöhnliche Untreue und vielfältigen Betrug, [...] womit sie ihre Herrschafften zu übervortheilen und zu verkürzen pflegen, es dahin gebracht, daß sie unter diejenigen, derer Diebsgriffe nicht zu ergründen sind, gezählet werden.“[3]

3 Johann Heinrich Zeidler, Grosses vollständiges Universal-Lexicon aller Wissenschafften und Künste, Bd. 34, Halle, Leipzig 1731-1754, S. 383.

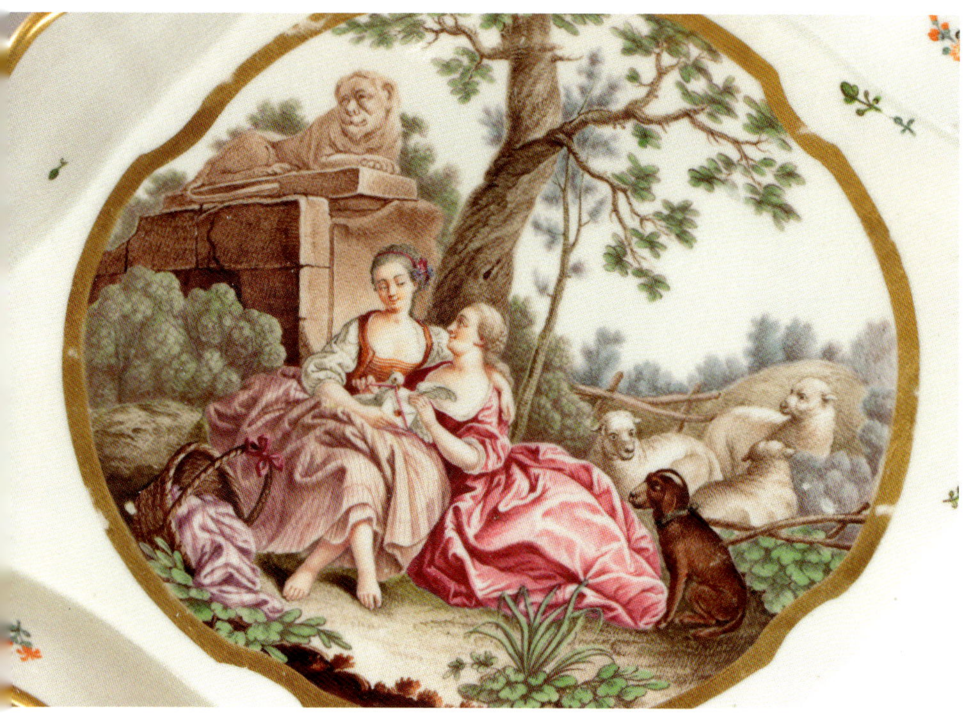

„Die Pastorellen sind gewisse Schäfer-Gedichte, die etwan bey Hoch-Fürstlichen Beylagern inventirt werden, und dem neu verlobten Hoch-Fürstlichen zur Ehre und zum Divertissement die Handlungen der Liebe auf eine angenehme musicalische Art vorstellen, um ihnen durch die Personen, so dabey aufgeführt werden, zu ihrer Vermählung zu gratuliren."

Julius Bernhard von Rohr, *Einleitung zur Ceremonial-Wissenschafft der grossen Herren*, Berlin 1733

„PASTORALE, *Pastorali, Pastorals, Pastorelle, Drama Pastoritim,* ein Schäfer-Spiel, ist eine Art von Comödien, darinnen Schäfer, Bauersleute, Jäger, Fischer, Gärtner, Ackerleute, Satyri, Nymphen und in Summa allerley Gattungen von Landleuten aufgeführet werden, und wo man nichts höret, als lauter Klagen liebhabender Personen, desgleichen von der Grausamkeit der Schäfer, von Streitigkeiten, wer am besten singen könnte, von heimlichen Nachstellungen der Waldgötter, von Entführung der Nymphen und von andern dergleichen eitlen Begebenheiten."

Johann Heinrich Zeidler, *Grosses vollständiges Universal-Lexicon aller Wissenschaften und Künster*, Leipzig 1731-1754

Gemalte Gärten

Auf Porzellan finden sich gern Darstellungen realer oder imaginierter Gärten. Während im ersten Fall besondere Gartenalgen – wie der berühmte Bergpark in Kassel-Wilhelmshöhe – detailgetreu wiedergegeben wurden, waren es im anderen Fall gemalte Fantasien. Oft reichte es, mit einigen typischen Gartenelementen eine idyllische Gartenszenerie nur anzudeuten: Lauben, Gitterwerk, Statuen und Vasen auf Sockeln, kleine Bauwerke waren unabdingbare Zutaten jeder Gartengestaltung. In Porzellan geformt bereicherten sie opulente Tafeldekorationen in Form von Gärten, die im 18. Jahrhundert von den Zuckerbäckern an den Höfen kreiert wurden. Aber auch in gemalten Dekoren verweisen sie auf den Garten als heiteren und angenehmen Ort.

War im ersten Ausstellungsteil der Garten nur ein Bildelement, der Rahmen einer Szenerie, so wird er nun zum Hauptmotiv. Das Sujet war beliebt auf Grund der mit dem Garten verbundenen Vorstellungen einerseits einer vom Menschen gestalteten und somit „gezähmten“ Natur, andererseits eines idyllischen Freiraumes der Geborgenheit und zeitlichen Ungebundenheit. Dies trifft insbesondere auf die Motive zu, die keinen real existierenden Garten quasi dokumentarisch abbilden. Auch aus gestalterischer Perspektive hatten diese Motive Vorteile, da sie sich aus Versatzstücken leicht variieren und auf den unterschiedlichsten Dekorflächen anbringen ließen, sei es ein Hohlgefäß wie eine Kanne oder ein Flachgeschirrteil. Die beispielsweise von dem Porzellanmaler Andreas Philipp Oettner (um 1735–1792) gemalten Parklandschaften besitzen eine beinahe surreale Anmutung (Kat. Nr. 43). Die tief liegenden Horizonte werden von Gebäuden, Ruinenarchitekturen und Gartenmonumenten überschnitten, wodurch diese monumentalisiert werden. Die dagegen miniaturhaft wirkenden Staffagefiguren – letztlich gefügt aus wenigen Farbflecken – steigern diesen Eindruck zusätzlich. Wie bei den Schäferidyllen sind diese Landschaften als artifizielle Konstrukte zwar sofort erkennbar, behaupten gleichzeitig aber eine naturhafte Nähe. Trotz – oder vielleicht gerade wegen – dieser Ambivalenz sind die Motive souveräne Dekore, die den weißen Porzellangrund als Bildraum einbeziehen.

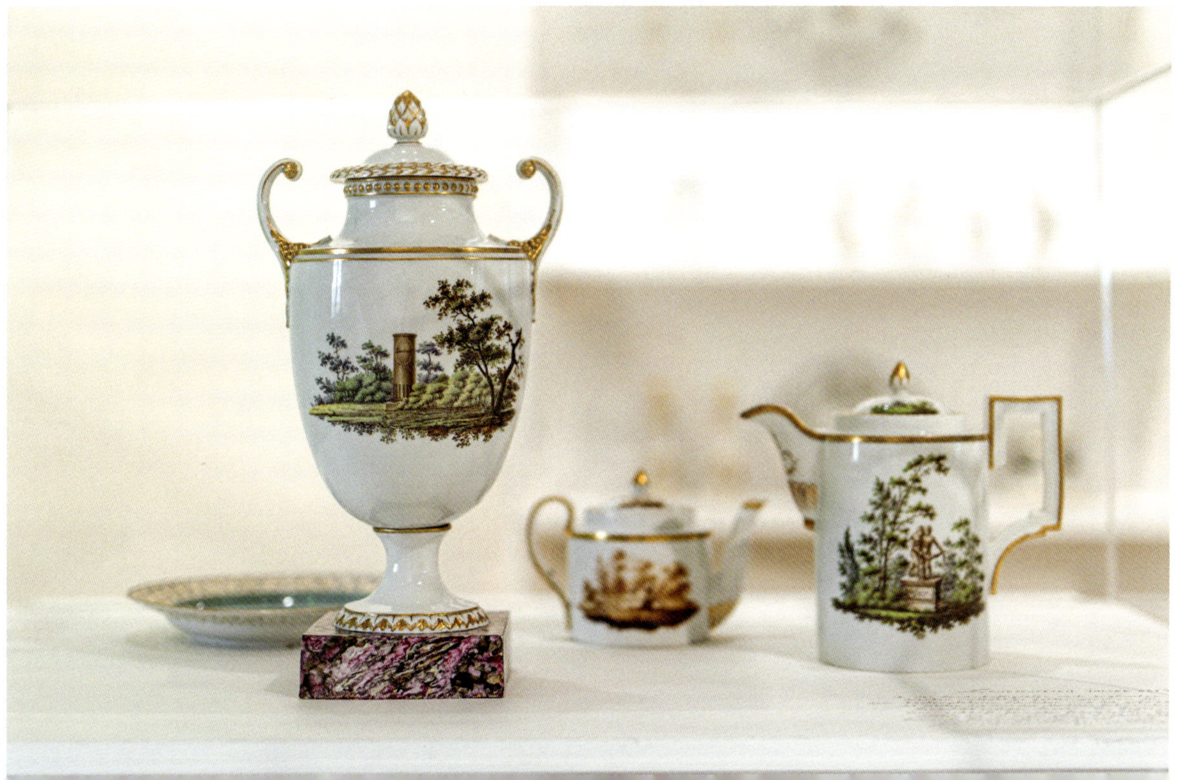

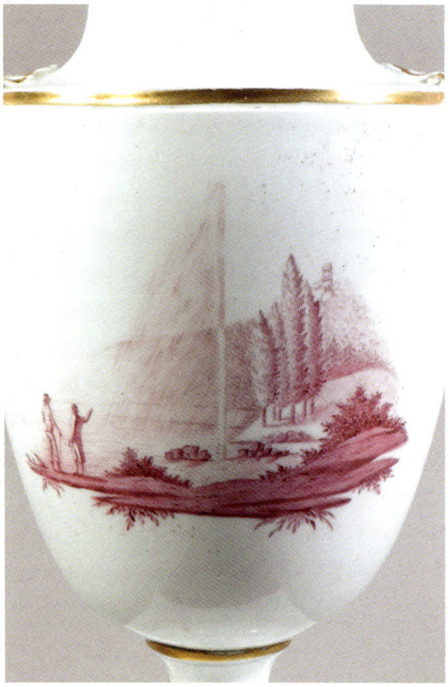

Eine ganz andere Herangehensweise charakterisiert die ab etwa 1800 sehr beliebten Porzellane mit Ansichten. Ein Fürstenberger Déjeuner aus dieser Zeit zeigt Motive aus dem Bergpark Wilhelmshöhe in Kassel (Kat. Nr. 38). Diese seit dem Ende des 17. Jahrhunderts angelegte, spektakuläre barocke Parkanlage wurde von Landgraf Wilhelm IX. seit 1785 zu einem romantischen Landschaftspark umgestaltet und erweitert. Vor allem die Wasserspiele beeindruckten das Publikum damals wie heute. Die Attraktionen, die nicht nur künstlerisch, sondern auch technisch herausragende Leistungen darstellten, können auf dem Déjeuner wie bei einem imaginären Spaziergang erlebt werden: Das Tableau präsentiert den Park in seiner Gesamtheit, während auf den weiteren Stücken die einzelnen „Highlights“ herausgehoben sind. So geht es von den Kaskaden unterhalb des Herkules-Oktogons auf der Heißwasserkanne zum Waldwasserfall (heute: Steinhöfer Wasserfall) auf der Kaffeekanne, die Zuckerdose zeigt den Wasserfall unter der Teufelsbrücke und den sich anschließenden Aquädukt, während auf dem Milchgießer die Wassermassen in der großen Fontäne im Fontänenteich am Fuß des Berghangs vor Schloss Wilhelmshöhe kulminieren. Die zur Entstehungszeit gerade fertig gestellte Löwenburg, eine künstliche Ruine einer mittelalterlichen Burg, ist sogar mit zwei Ansichten auf den beiden Tassen vertreten. Dass über die Abbildung hinaus eine Gartenansicht symbolische Bedeutung haben kann, beweist eine Fürstenberger Deckelvase mit dem Portrait von Wilhelm IX. und der Wiedergabe der großen Fontäne (Kat. Nr. 39). Dieser Springstrahl konnte als Sieg des Herrschers über die Elemente gelesen werden, der sie nach seinem Willen formte und so das Wasser in eine für die damalige Zeit außergewöhnliche Höhe von 50 Metern schießen ließ. Und ganz offensichtlich – beinahe plump – konnte die Fontäne auf die Virilität des Landgrafen hinweisen…

„Die Gartenkunst wird Philosophie über die mannigfaltigen Gegenstände der Natur, ihre Kräfte und Einwirkungen auf den Menschen, über die Verstärkung der Eindrücke, die er davon empfangen soll; nicht bloße Belustigung des äußern Sinnes, sondern innere wahre Aufheiterung der Seele, Bereicherung der Phantasie, Verfeinerung der Gefühle; Erweiterung des Bezirks für Geschmack und Kunst; Beschäftigung des menschlichen Schöpfungsgeistes auf einem Platze, worauf er noch wenig wirksam war; Veredelung der Werke der Natur und Verschönerung einer Erde, die auf eine Zeit unsere Wohnung ist."

Christian Cay Lorenz Hirschfeld, *Theorie der Gartenkunst*, Bd. 1, Leipzig 1779

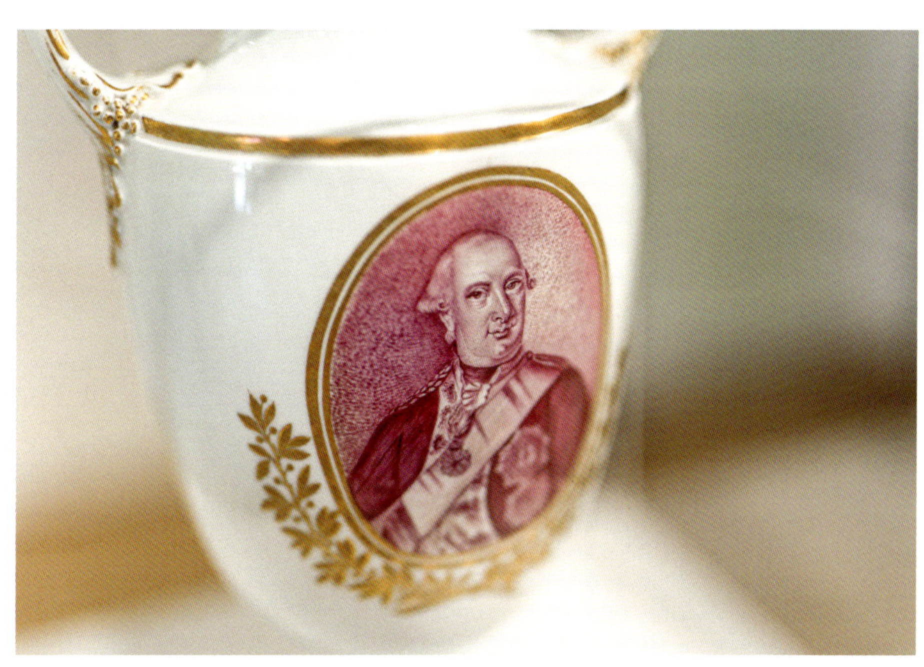

Philosophische Weltläufigkeit und gartenkünstlerische Aktualität konnte dagegen demonstrieren, wer sich eine Rousseau-Insel auf sein Geschirr malen ließ (Kat. Nr. 42). Im Park von Ermenonville nahe Paris war der Philosoph Jean-Jacques Rousseau (1712–1778) auf einer kleinen, von Pappeln umstandenen Insel beigesetzt worden. Das Grab zierte zunächst eine Urne auf einem Sockel, die später durch ein Kenotaph ersetzt wurde. In der Folge wurde das Motiv der Grabinsel in vielen Landschaftsgärten aufgegriffen, um der Verehrung des Philosophen ein Denkmal zu setzen. Dieser hatte mit seinen naturphilosophischen Ideen dem naturnah gestalteten Landschaftsgarten eine entscheidende Dimension hinzugefügt und damit die gartenkünstlerische Avantgarde befördert.

In den Landschaftsgärten nach englischem Vorbild dienten vielfältige Gartenszenerien der Erbauung, dem kontemplativen Verweilen und der gefühligen Anregung. Sie sollten die aus der Malerei bekannten Idyllen Realität werden lassen. Im Gegensatz zum ornamenthaft-formalen französischen Garten des Barock sollten die Anlagen ganz „natürlich" erscheinen. Zierende Bauwerke, Denkmale und Standbilder waren als Blickfänge mit oftmals sentimentalen Sinngehalten darin verteilt. Die Fürstenberger Porzellanmaler fanden mit dieser neuen Gartenkunst auch neue Dekormotive. So malten sie ab etwa den 1790er Jahren sentimentale Gartenszenerien mit Gedenksteinen und anderen Gartenarchitekturen in großer Vielfalt (Kat Nr. 44-46).

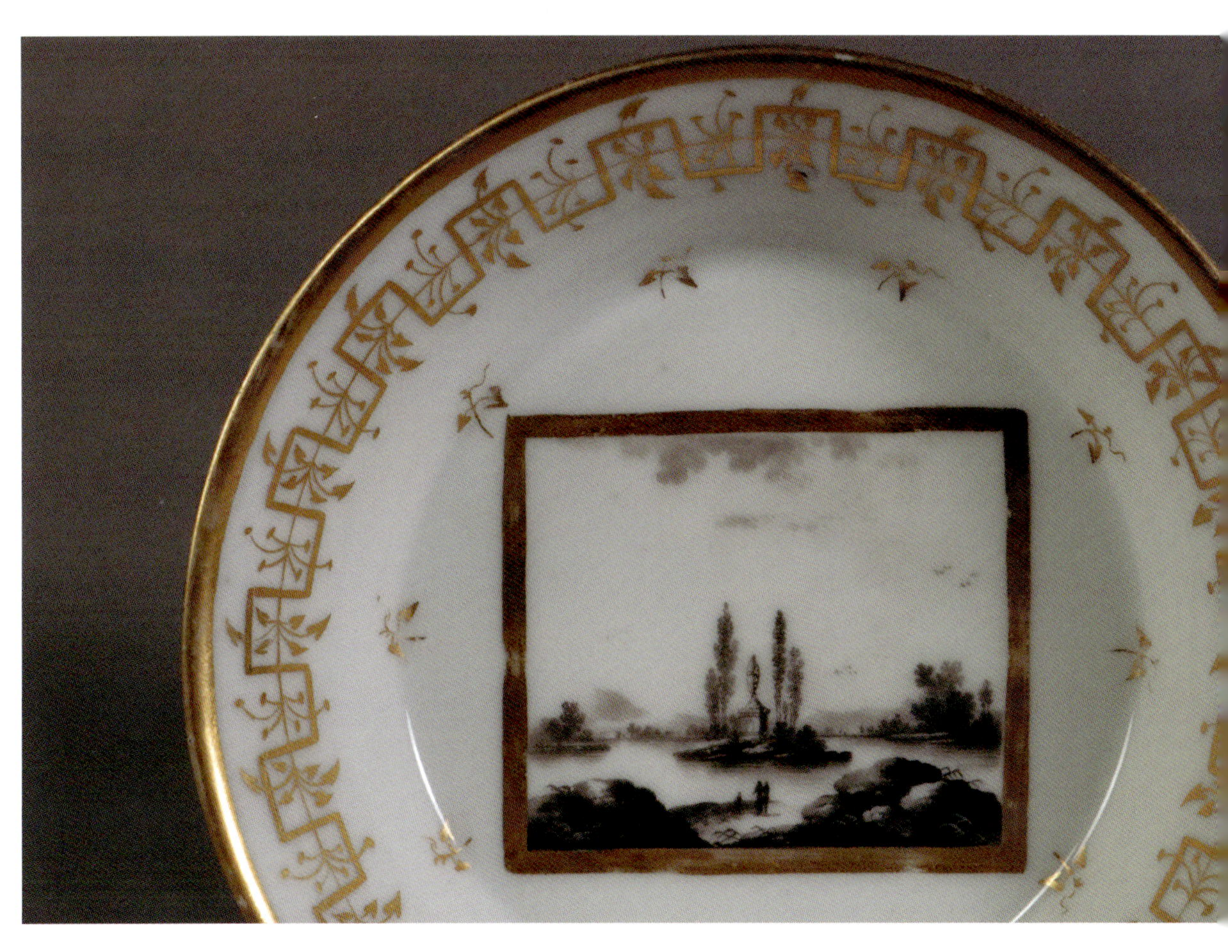

Ein gemaltes Herbarium auf Porzellan

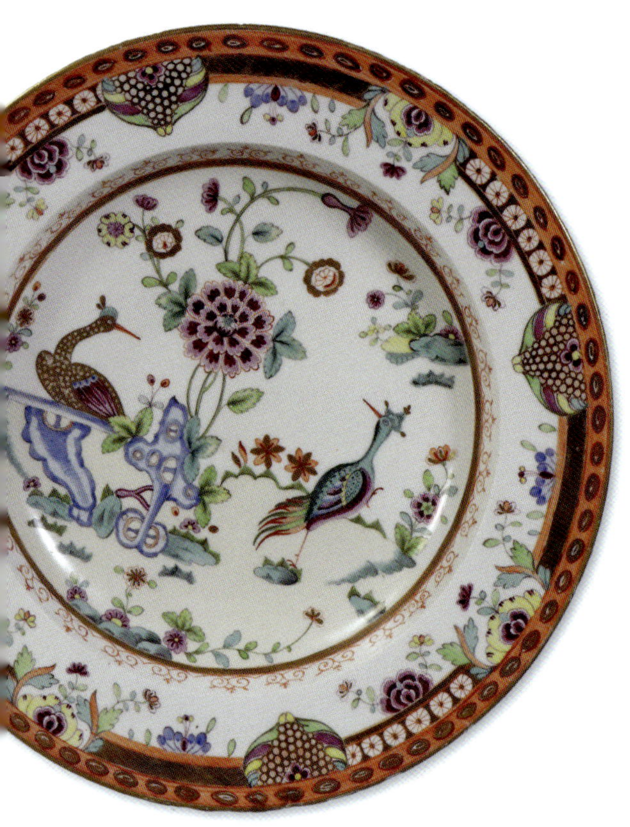

Keine anderen Motive wurden so vielfältig und umfangreich aufs Porzellan gebracht wie Pflanzen. Seien es bunte Gartenblumen oder Wildkräuter – der Formen- und Farbenreichtum der Gewächse lieferte unendliche Anregungen. Die Gestaltungsweisen wandelten sich im Lauf der Jahrhunderte und pendeln zwischen dekorativer Stilisierung und akribischer Naturnähe.

Die Blumenmalerei stellt die mit Abstand umfangreichste Dekorgattung in der Porzellankunst dar. In allen nur denkbaren Spiel- und Stilarten wurden Gartengewächse und Wildpflanzen auf die weißen Oberflächen gemalt oder auch plastisch nachgebildet. Zunächst waren es die begehrten ostasiatischen Porzellane, die den Porzellanmalern als Vorlagen dienten. Die symbolischen Sinngehalte von Chrysanthemen, Päonien und Bambus waren im 18. Jahrhundert in Europa weitestgehend unbekannt, vielmehr reizte die exotische Ästhetik in Stilistik und Farbigkeit. Ein chinesischer Teller im Stil der sogenannten *famille rose* um 1750 bemalt wird flankiert von den Kopien aus Ansbach und Ludwigsburg (Kat. Nr. 54-56), die sich mehr oder weniger vom Vorbild entfernen. Über freiere Nachempfindungen gelangten die europäischen Maler schließlich zu eigenen Gestaltungen in Anlehnung an die chinesischen und japanischen Vorlagen. Unter der Bezeichnung „indianische Blumen“ oder „Indischmalerei“ etablierte sich diese Dekorgattung. Die Porzellanmaler erlernten über das Kopieren neue Prinzipien der Dekorgestaltung, etwa die Stilisierung des Naturvorbilds und das asymmetrische Komponieren der Motive auf dem Porzellanobjekt, und verschmolzen sie zuweilen mit europäischen Gestaltungstraditionen.

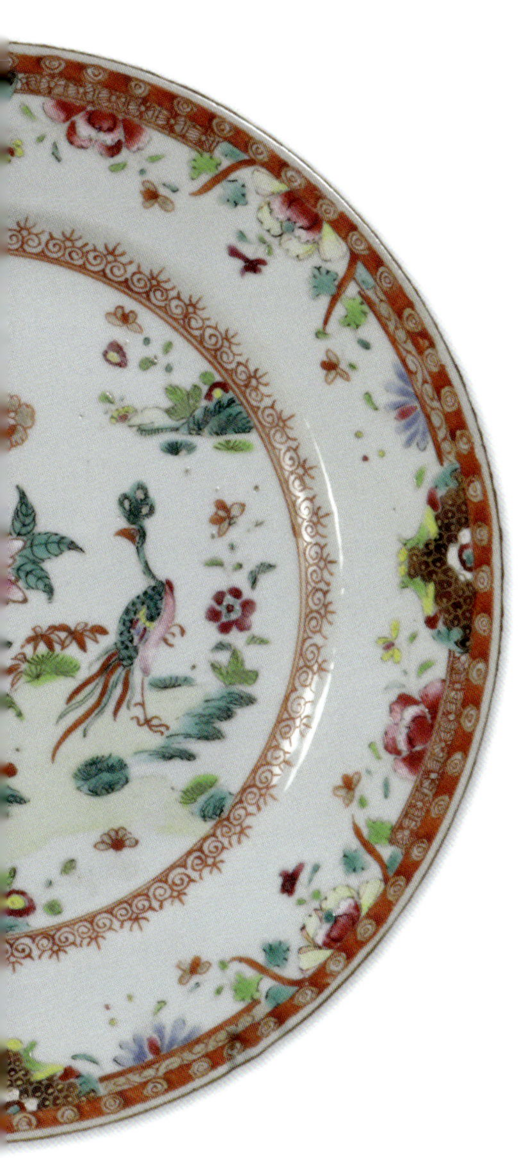

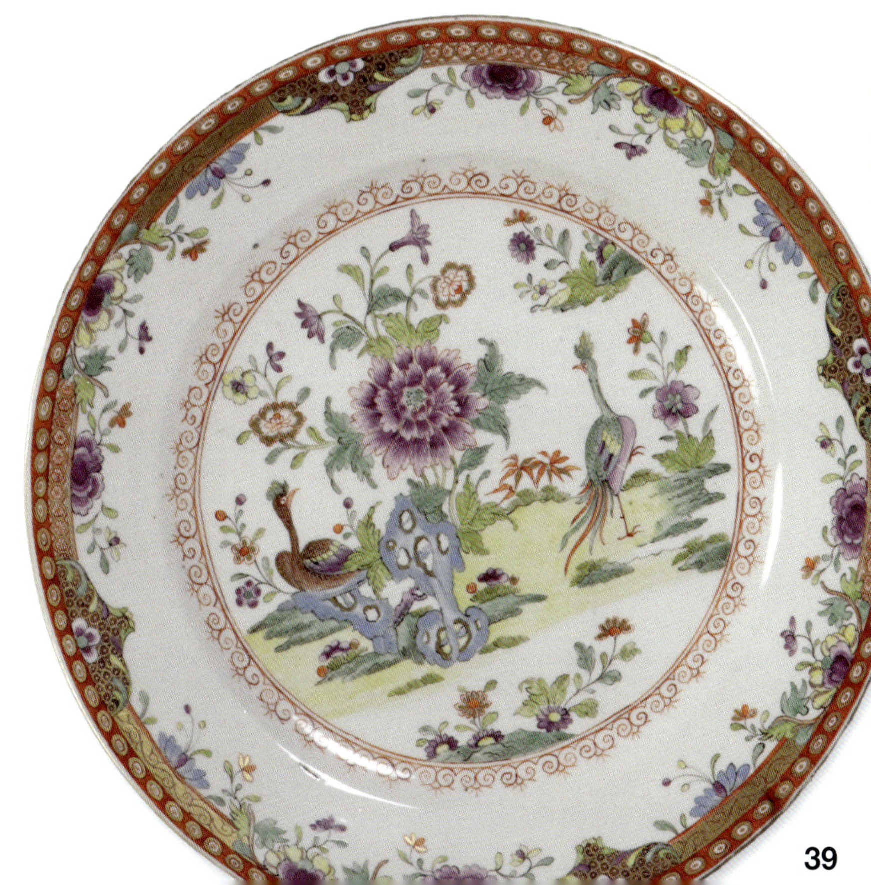

Ein gemaltes Herbarium auf Porzellan

In den 1740er Jahren gelangten schließlich die europäischen Blumen auf das Porzellan. (Kat. Nr. 62-68) Ausgehend von der Porzellanmanufaktur Meissen sollten Blumen und Früchte in möglichst natürlicher Anmutung erscheinen. Jedoch betrieben die Porzellanmaler hierfür keine eigenen Naturstudien, sondern griffen auf grafische Vorlagen zurück. Motivquellen waren opulent illustrierte Buchwerke wie die *Phytanthoza iconographia* von Johann Wilhelm Weinmann. Zwischen 1734 und 1745 publiziert, stellten die Bände mit insgesamt über 1000 kolorierten Kupferstichtafeln ein bis dahin nicht gekanntes botanisches Kompendium dar. Diese und andere Vorlagen übertrugen die Meissener Maler, und teilweise später auch die anderer Manufakturen, im Detail minutiös auf das Porzellan. Selbst die Schraffuren, bei den Vorlagen durch die Technik des Kupferstichs und des Holzschnitts bedingt, wurden mit feinsten Pinselstrichen wiederholt. Der grafische Duktus und die oftmals zufällig wirkende Komposition der Motive, lässt sie wie aufgelegte Scherenschnitte wirken. Diese Dekore werden daher als „Holzschnittblumen“ bezeichnet, oder auch als „deutsche Blumen“, einerseits in der Unterscheidung zur sich später daraus entwickelnden „Manierblumenmalerei“, andererseits in der Abgrenzung zu den älteren „indianischen Blumen“.

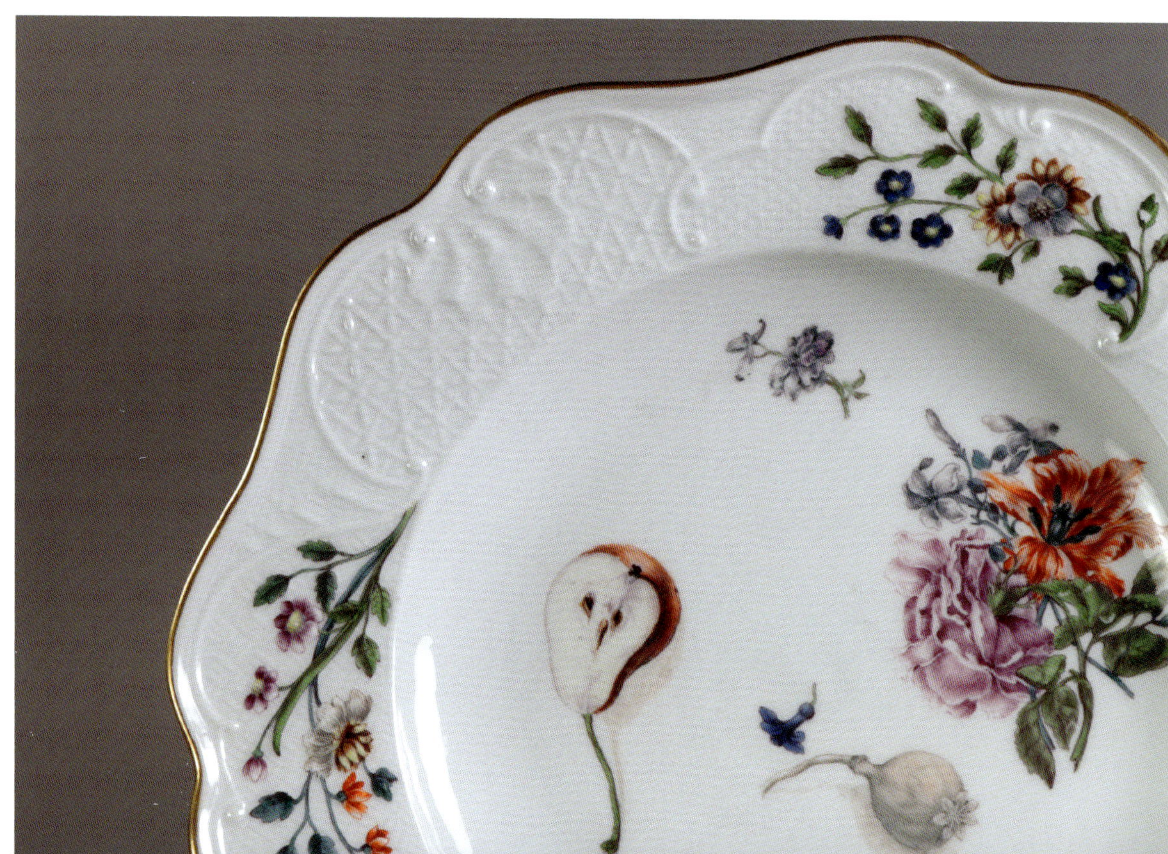

Mit der „Manierblumenmalerei“ entwickelte sich um die Mitte des 18. Jahrhunderts allmählich ein neuer Malstil, der geprägt ist durch eine lockerere und offenere Pinselschrift. (Kat. Nr. 69-79) Auch diese Entwicklung ging von Meissen aus und wurde in den seit der Jahrhundertmitte neu entstehenden Manufakturen Mitteleuropas aufgegriffen und variantenreich selbständig weitergeführt. Dabei waren die „Manierblumen“ gleichermaßen Ausdruck eines freieren künstlerischen Zugangs und einer durch die Serienproduktion bedingten Schematisierung. Die Blumen glichen immer weniger den „trockenen“ Kupferstichvorlagen, indem sie mit schwungvollen Pinselstrichen auf das Porzellan gesetzt wurden. Oft wurde das Weiß des Malgrundes effektvoll einbezogen, so dass die Blüten duftig und leicht wirkten. Interessant ist zu beobachten, wie dabei nur durch den variierenden Druck des über die Oberfläche geführten Pinsels Valeurs und Strukturen gemalt wurden. Einhergehend wurden die Einzelmotive stilisiert und – im Sinne einer botanischen Benennbarkeit – zu Typen vereinfacht. So bleibt beispielsweise eine prachtvolle, mehrfarbig schattierte Blüte als Tulpe erkennbar, es war aber nicht die Darstellung einer bestimmten Sorte beabsichtigt. Auf diese Weise wurde die Dekormalerei gewissermaßen rationalisiert, da sich Schemata für das Malen einzelner Blüten und die Zusammenstellungen als Bouquets herausbildeten.

In Fürstenberg ist diese Entwicklung mit Christian Gotthelf Beuchel (1734–nach 1802) verbunden. Er hatte das Porzellanmalen, und damit auch den dort gepflegten Stil der „Manierblumen“, in Meissen gelernt. 1759 kam er nach Fürstenberg und entwickelte dort nicht nur einen eigenen Stil, sondern baute ein effizient arbeitendes Malercorps auf. Während seine frühen Arbeiten einen hohen Grad an malerischem Raffinement aufweisen (Kat. Nr. 74 und 75), sind an später entstandenen Dekoren, die von den von Beuchel angeleiteten Malern ausgeführten wurden, die beschriebenen Tendenzen gut zu erkennen (Kat. Nr. 77).

Ein gemaltes Herbarium auf Porzellan

Die im Verlauf des 18. Jahrhunderts sich intensivierenden globalen Handelsbeziehungen sowie die kolonialen Bestrebungen der europäischen Mächte wurden von einem zunehmenden wissenschaftlichen Forschungsinteresse begleitet. Naturforscher wie Carl von Linné (1707–1778) systematisierten die Pflanzenwelt oder bereisten wie Alexander von Humboldt (1769–1859) aus europäischer Sicht entlegene Weltgegenden und führten dem staunenden Publikum neue Arten in Beschreibungen, Grafiken und mitgebrachten Exemplaren vor. Das Pflanzensammeln in privaten und öffentlichen botanischen Gärten erlebte einen Aufschwung genauso wie die Herausgabe neuer botanischer Buchwerke. Sie folgten, wie die seit 1753 entstehende „Flora Danica“, einem enzyklopädischen Ansatz, oder publizierten eine konkrete Sammlung wie „Le Jardin de la Malmaison“ von 1803–05. Letzteres, Joséphine de Beauharnais und der durch ihr botanisches Interesse angeregten Sammlung exotischer Gewächse gewidmete Werk, nutzte die Königliche Porzellanmanufaktur in Berlin sogleich, um ein Dessertservice für die französische Kaiserin zu gestalten (Kat. Nr. 80). Im Unterschied zu den früheren „Holzschnittblumen“, denen ebenfalls botanische Illustrationen als Vorlagen gedient hatten und die somit auch eine entsprechende Exaktheit besaßen, war die minutiöse Wiedergabe zum Zweck der botanischen Bestimmbarkeit der Darstellung nun ein künstlerisches Prinzip. Unterstrichen wird dies durch die Beschriftung auf der Tellerunterseite, die die Pflanze mit ihrem wissenschaftlichen Namen in Latein benennt.

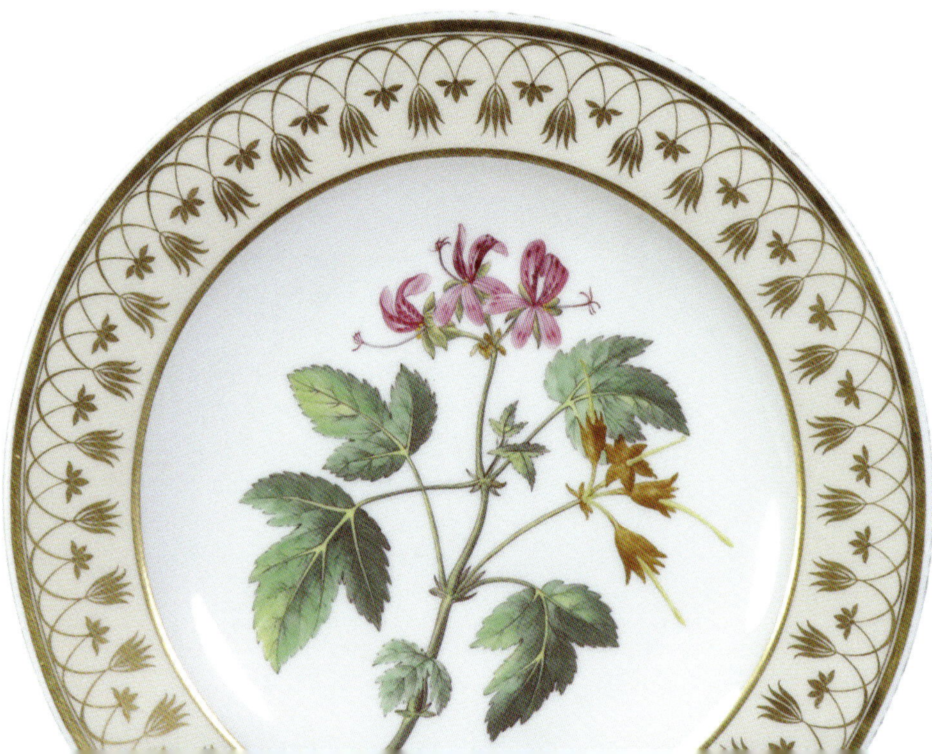

Mit dem Jugendstil hielten neue Darstellungsweisen Einzug in die Porzellankunst. Angeregt von japanischer Kunst wurden Pflanzen in ihrer Natürlichkeit wahrgenommen und zu organischen Flächenornamenten stilisiert. Die harmonische Verschmelzung von plastischer Form, Oberfläche und floralem Motiv stand im Mittelpunkt (Kat. Nr. 91-96). Gerne bediente sich die Künstler der Technik der Unterglasurmalerei, die mit ihren gebrochenen Farbtönen und dem fließenden Spiegelschimmer der Glasuroberfläche als besonders materialgerecht betrachtet wurde. Andere Wege beschritt die Berliner Porzellanmanufaktur mit ihren Blumendekoren in der sogenannten „Weichmalerei" (Kat. Nr. 87-89), für die teilweise ganz neue Maltechniken entwickelt wurden. Sie wirken duftig und lebendig, Inspirationen aus zeitgenössischer Photographie und der impressionistischen Malerei waren prägend. Aber auch in der klassischen, farbstarken Aufglasurmalerei gelangen neue Ausdrucksqualitäten: sei es durch eine stark stilisierende Feinmalerei wie sie in der niederländischen Porzellanmanufaktur Rozenburg entwickelt wurde (Kat. Nr. 90) oder durch die Konzentration auf wirkungsvolle Farbkontraste, auch in Kombination mit reicher Goldmalerei (Kat. Nr. 97, 99). Daraus entwickelten sich schließlich nach dem Ersten Weltkrieg neue florale Dekore, die in ihrer Stilisierung keine Abbildhaftigkeit mehr anstreben (Kat. Nr. 100, 101).

Auch in der zweiten Hälfte des 20. Jahrhunderts büßte die Blumenmalerei ihre Vorrangstellung innerhalb der Dekorkunst nicht ein. In den 1970er Jahren experimentierte der Maler Heinz Werner (1928–2019) als Mitglied des Kollektivs Künstlerische Entwicklung an der Porzellanmanufaktur Meissen mit der Kombination von Unter- und Aufglasurmalerei sowie einem sehr freien, breiten Pinselstrich (Kat. Nr. 102). Die „blau-bunte Blumenmalerei" besticht durch die eigenwillige Tiefenwirkung der gemalten Blüten, die durch die Schichtung der Farblagen erreicht wird. Einen ganz anderen Ausdruck wählte Gudrun Gaube (*1961) in ihrem Unterglasurdekor „Blaue Hortensie" von 1997, indem sie die Motive zeichnerisch anlegte (Kat. Nr. 104).

In der Gegenwart finden Blumen und Pflanzen vor allem als eigenständige Kunstäußerungen freischaffender Künstlerinnen ihren Weg auf das Porzellan, während die Innovationsfreude in den Manufakturen erlahmt erscheint. Sonngard Marcks will mit ihren Pflanzendarstellungen Schönheiten wecken, die im Verborgenen liegen und zu einem achtsamen Blick auf die Natur auffordern (Kat. Nr. 105). Inspiriert von historischen Vorbildern, verwandelt die Künstlerin gefundene Porzellane mit individueller Pinselschrift in faszinierende Bildwerke.

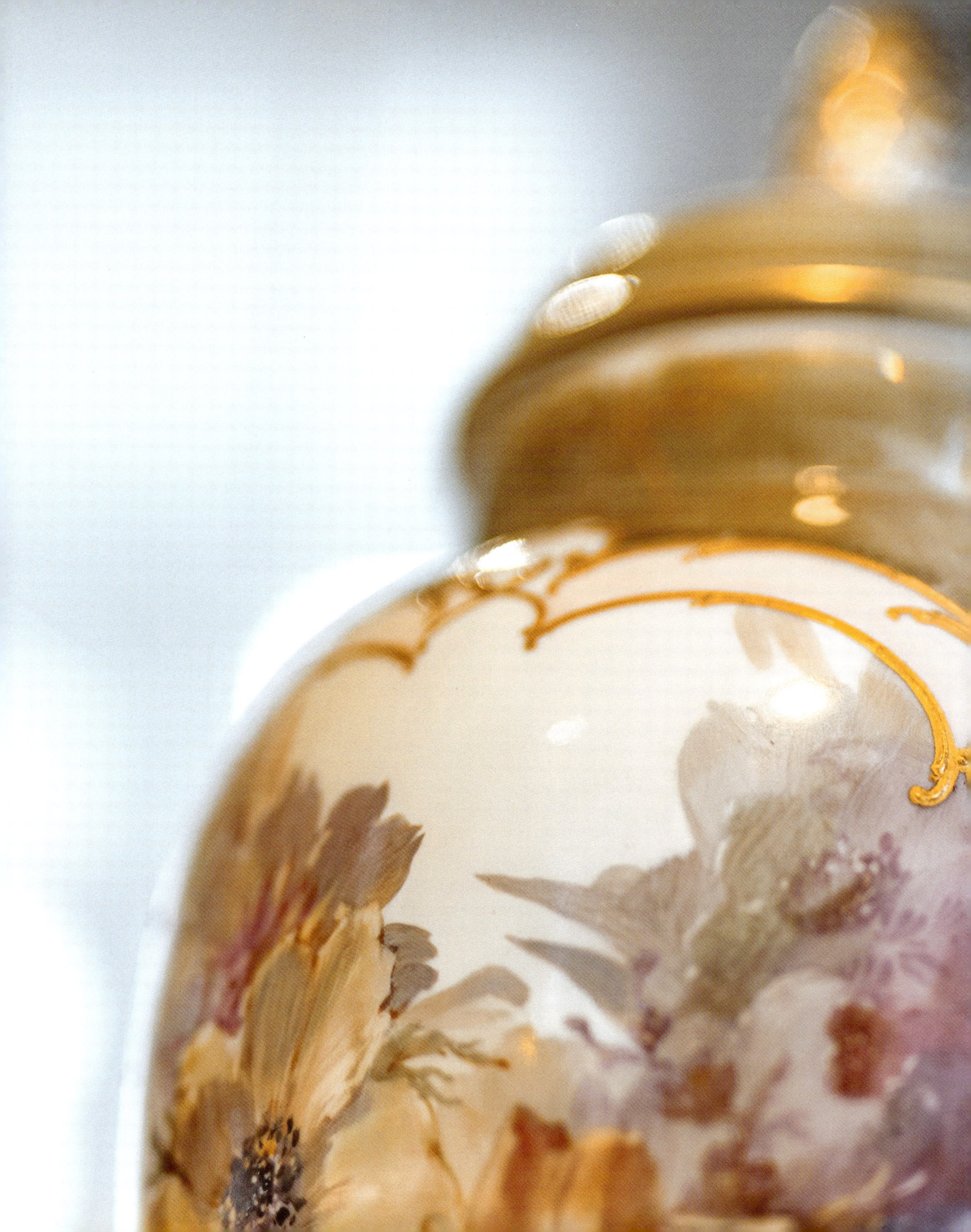

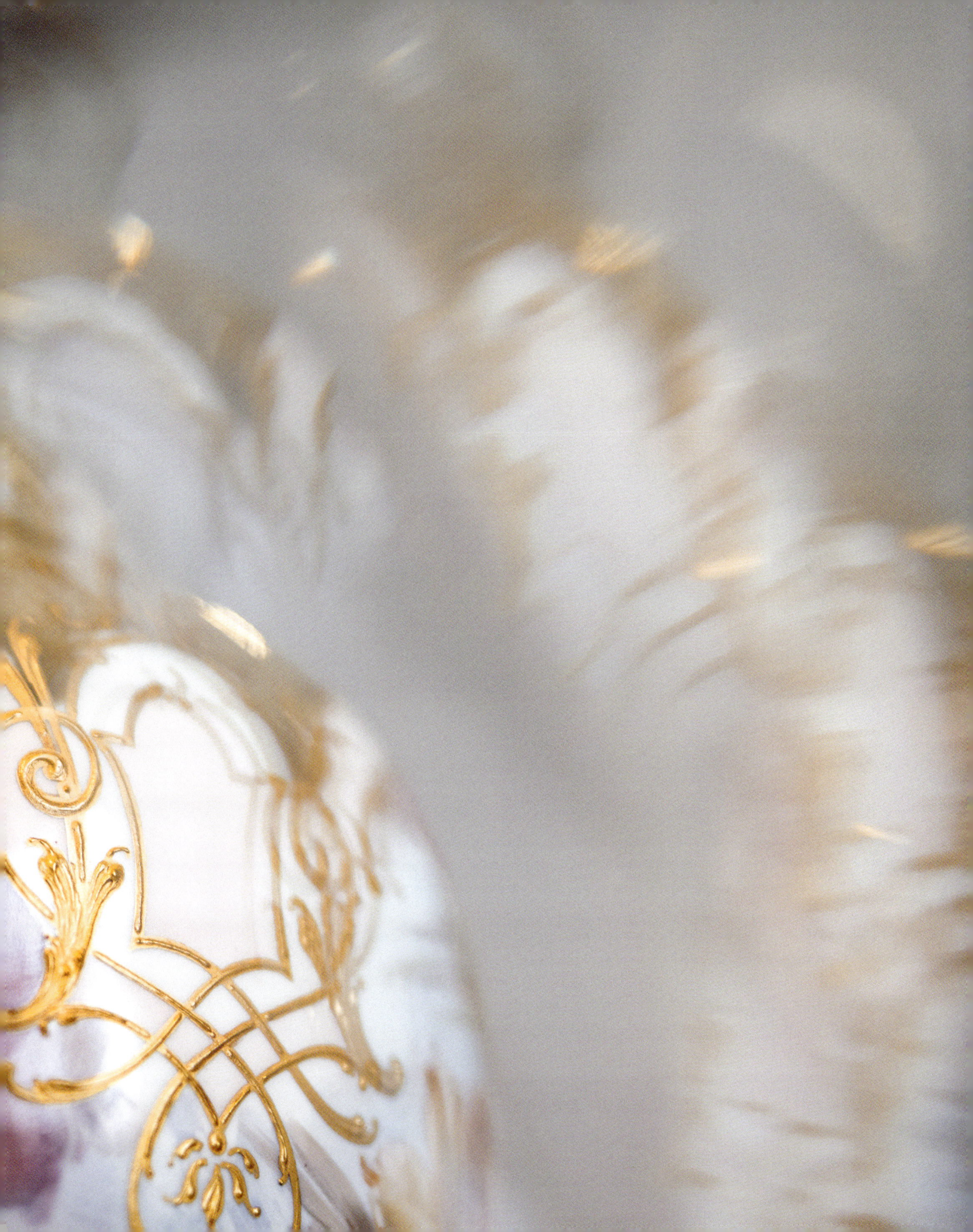

Der FÜRSTENBERG Porzellangarten

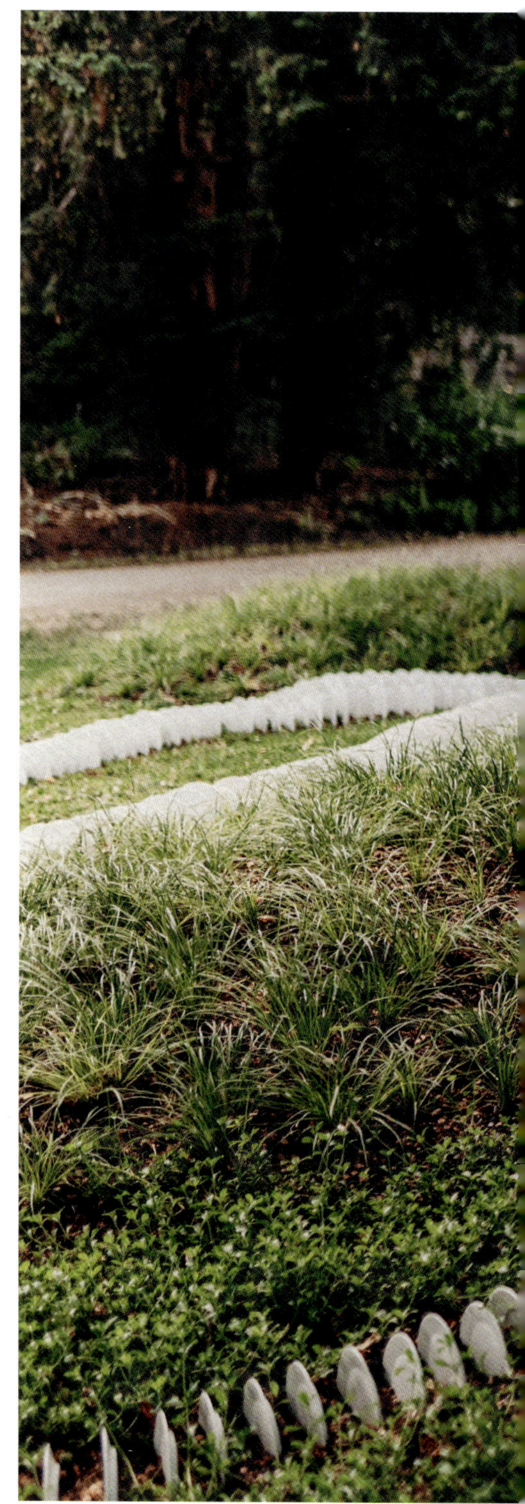

Inmitten der Wallanlagen entlang der mittelalterlichen Stadtmauer in Höxter, eingebettet in grünen Rasen und von alten Bäumen flirrend beschattet, zieht weißglänzendes Porzellan die Blicke auf sich. Als Auftakt der Reihe der „Galeriegärten" der Landesgartenschau zeigte der FÜRSTENBERG Porzellangarten das gartenkünstlerische Potenzial des besonderen Materials, das gemeinhin eher mit Tassen, Vasen und Tellern assoziiert wird.

Hervorgegangen ist der Garten aus einem Wettbewerb unter den Studierenden des Fachbereichs Landschaftsarchitektur und Umweltplanung der Technischen Hochschule Ostwestfalen-Lippe, Standort Höxter. Während des Sommersemesters 2022 erarbeiteten die Teilnehmer:innen ihre Entwürfe, betreut von den Professoren des Fachbereichs Hans-Peter Rohler und Ute Aufmkolk. Es war vorgegeben, sich mit gartenkünstlerischen Mitteln mit Porzellan, der Manufaktur und der Region auseinanderzusetzen. Die spezifischen Eigenschaften des Materials – das Weiß, der Glanz, die Lichtdurchlässigkeit – standen dabei ebenso im Fokus wie die 275-jährige Tradition der Porzellanmanufaktur Fürstenberg mit ihren vielfältigen und komplexen technologischen Prozessen. Zudem war gewünscht, dass die Studierenden ihre eigene, individuelle Perspektive einbringen sollten.

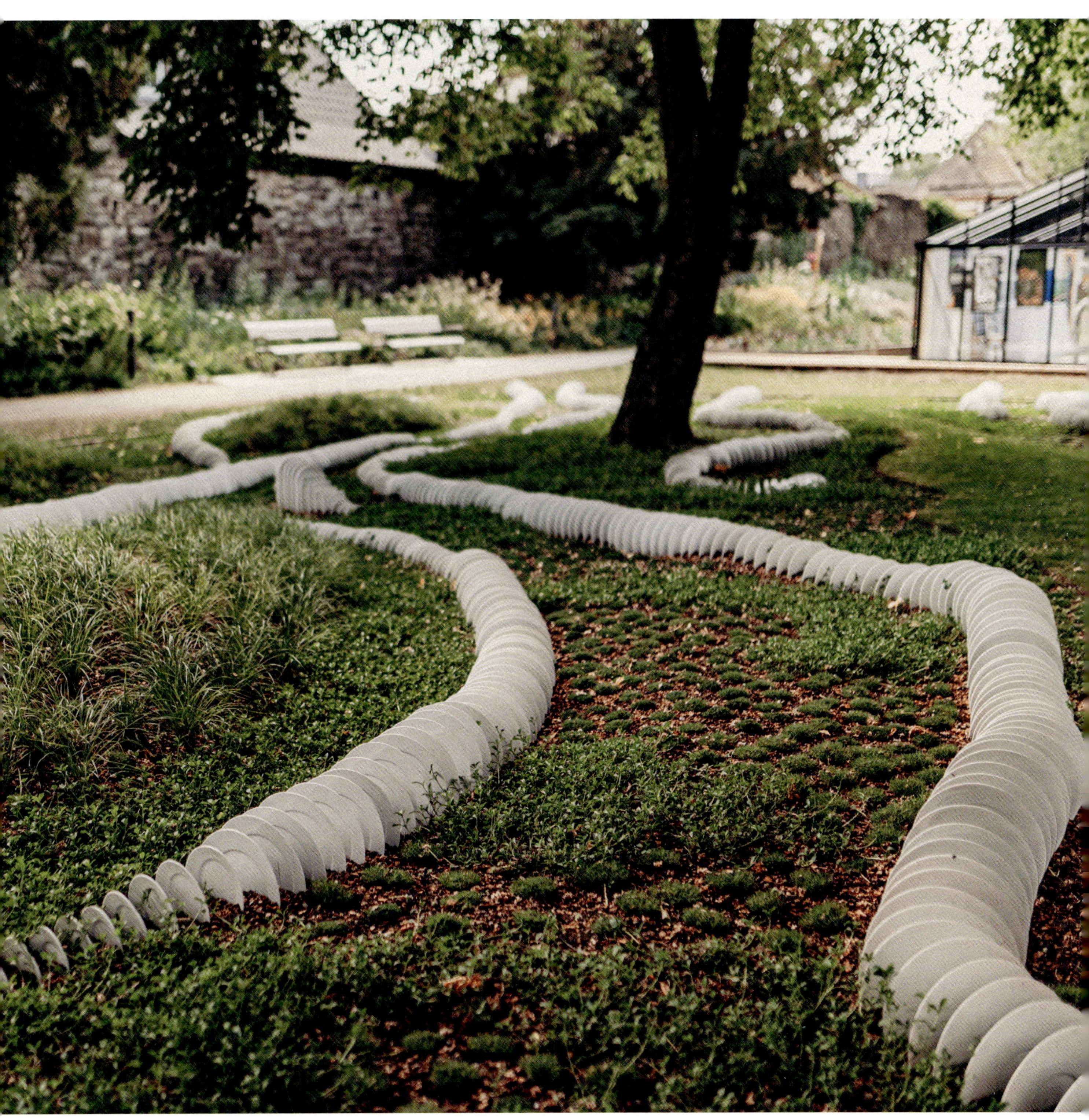

Prämiert und zur Umsetzung ausgewählt wurde der Entwurf von Niels Finke. Seine gestalterische Arbeit wurde inspiriert durch die Landschaft um Schloss Fürstenberg, genauer das Wesertal mit dem sich darin schlängelnden Fluss. Das Wasser, das sich kurvenreich seinen Weg sucht, bildet dabei Wellen- und Strömungslinien aus, die der angehende Landschaftsarchitekt abstrahierend in Reliefli- nien aus Porzellantellern übersetzte. Dynamischen Kolonnen gleich durchziehen sie das Gartenareal und umspielen dabei aufgeworfene Hügel und einen Bestandsbaum. Finke ist es gelungen, dem 220 Quadratmeter großen Gartenstück im Sinne der *evironmental art* eine gleichsam poetische wie kraftvolle Aussage über die Verbin- dung von Porzellan mit der regionalen Naturlandschaft zu verleihen.

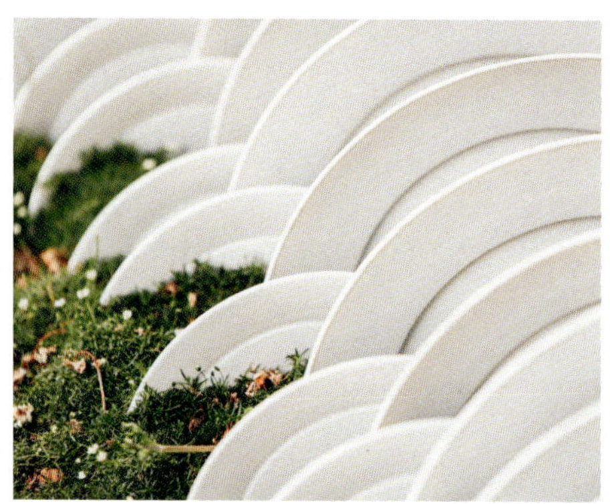

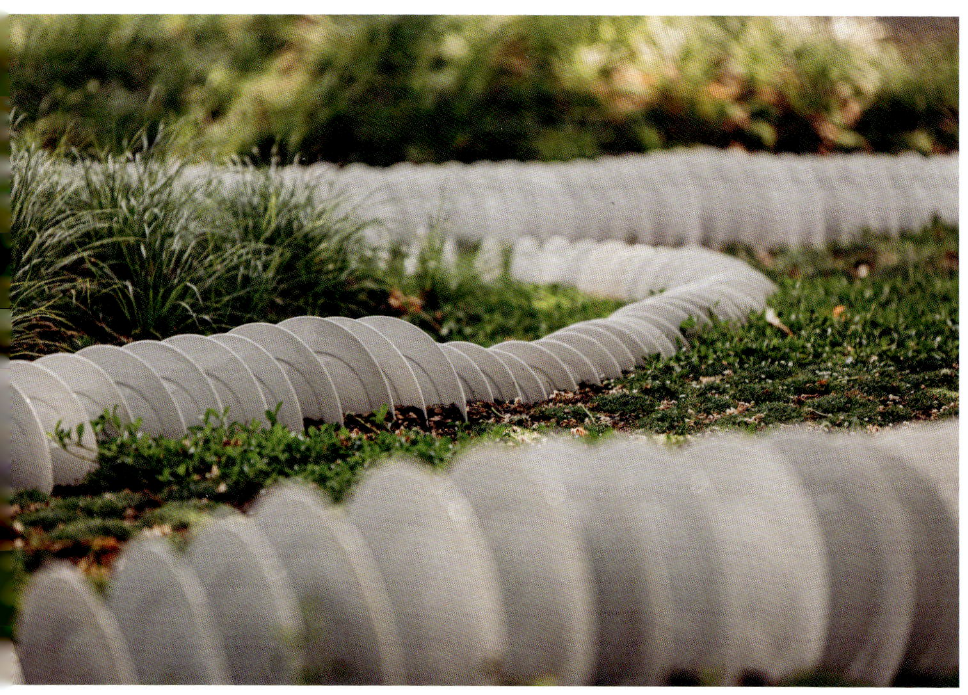

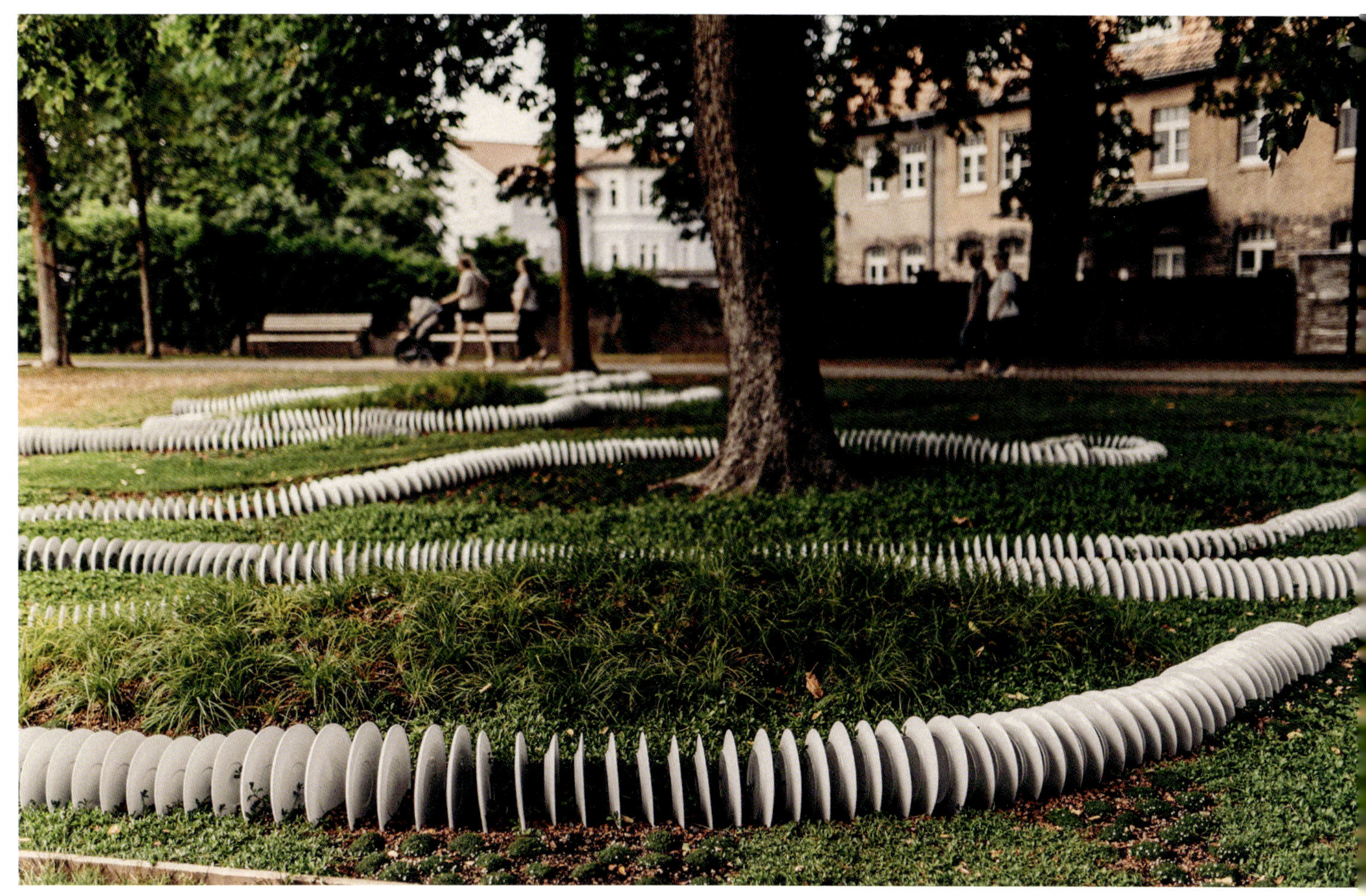

In sowohl konzertierter wie konzentrierter Aktion wurde der Garten im Frühjahr 2023 realisiert: Nach vorbereitenden Arbeiten wurden Anfang März innerhalb von nur fünf Tagen über 1.500 Porzellanteller in schmale Betonfundamente gesetzt und 40 Kubikmeter frisches Substrat verteilt. Im April folgte die Bepflanzung mit Stauden und Gräsern. Fast 9.000 Verbenen (Phyla nodiflora) und Sternmoose (Sangina subulata) bildeten zusammen mit Rasenpartien einen dichten grünen Teppich, der durch die unterschiedlichen Wuchs- und Blattformen eine subtile Struktur erhielt. Die wie kleine Inseln umflossenen Hügel wurden mit 1.000 Bergseggen (Carex montana) akzentuiert, deren Halme sich im Wind wiegten. Im Frühjahr griffen schmale Bänder aus weißen Tulpen die Tellerlinien auf, während ab dem Frühsommer Verbene und Sternmoos die Fläche mit feinen weißen Blüten sprenkelten.

Leben im Garten

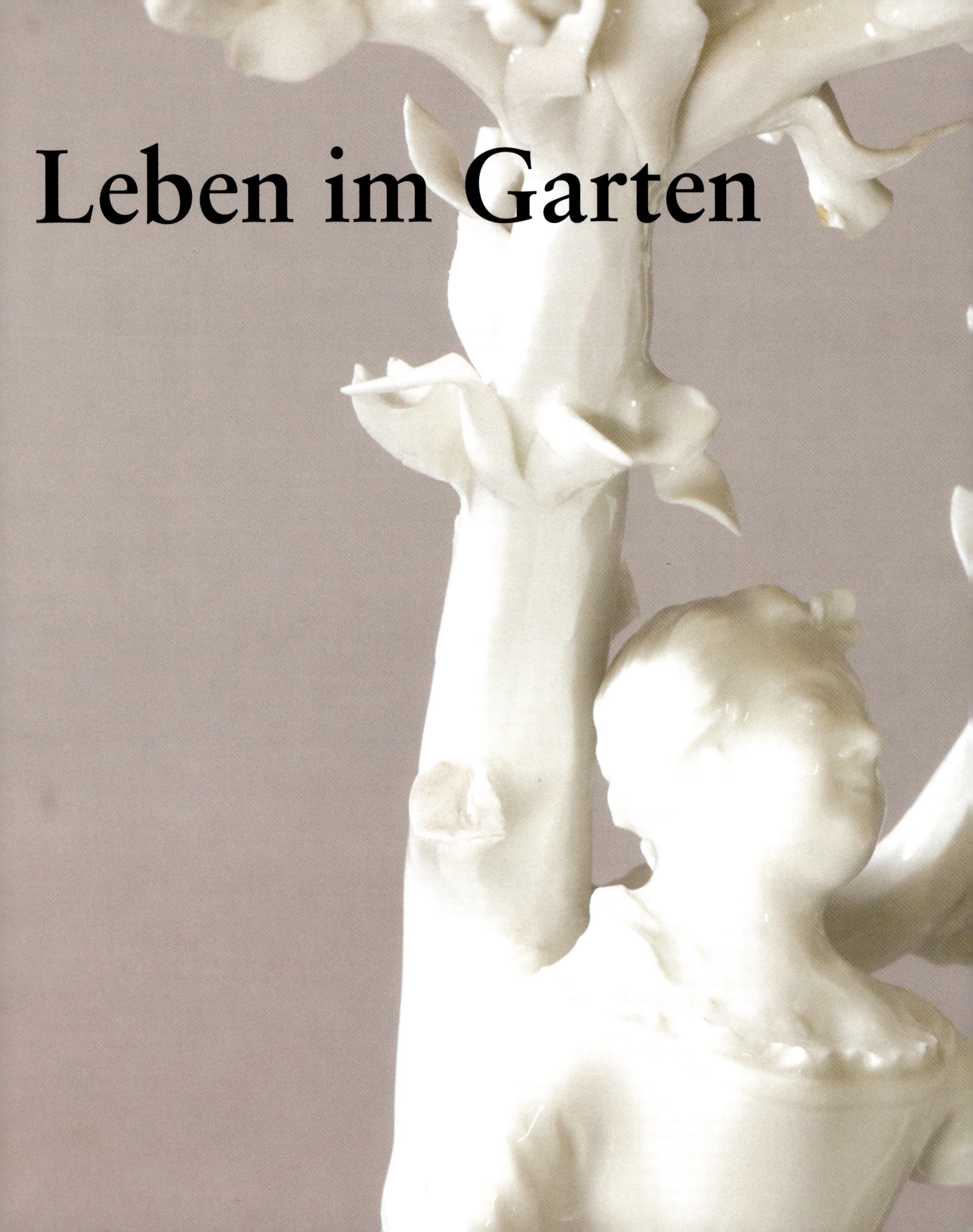

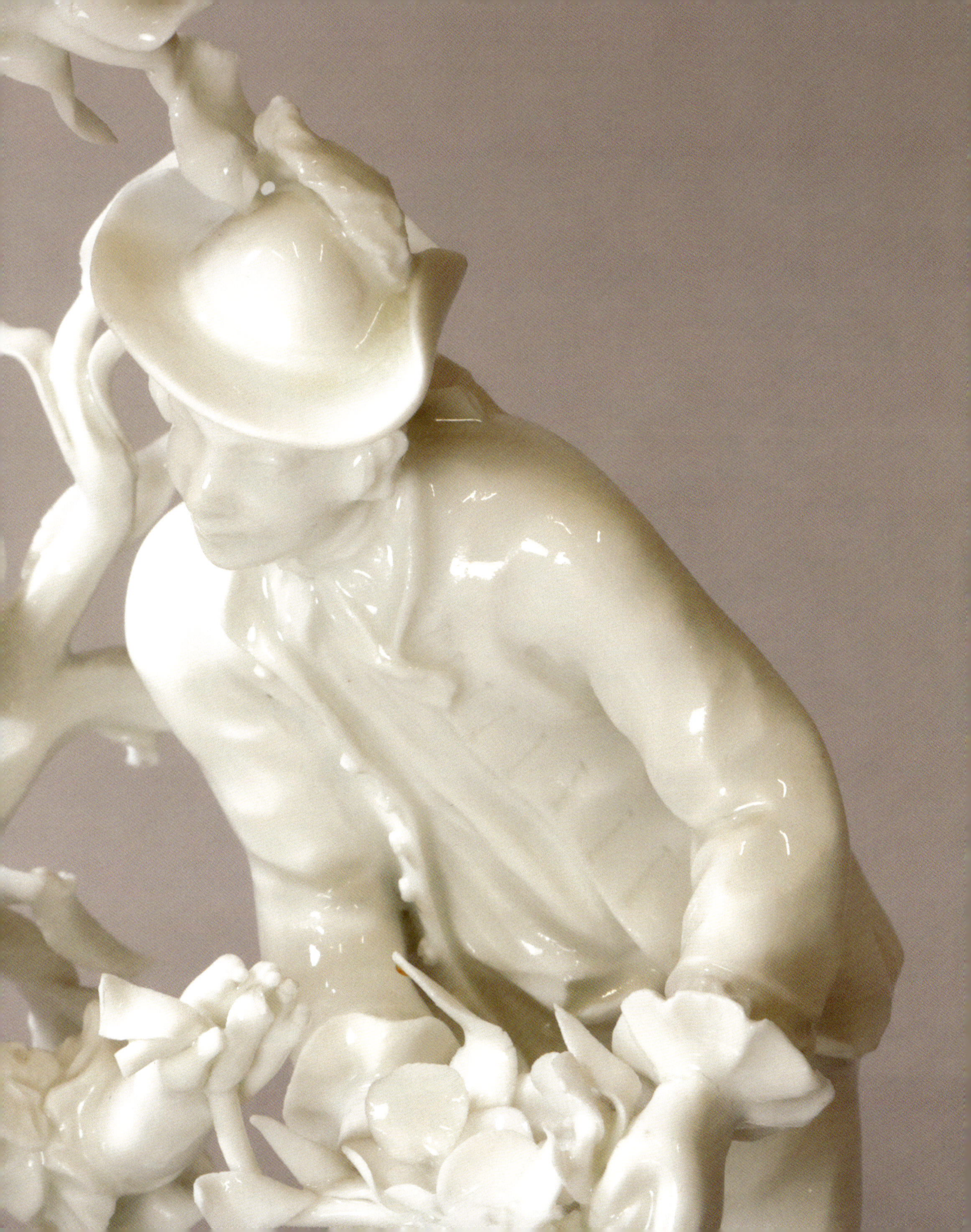

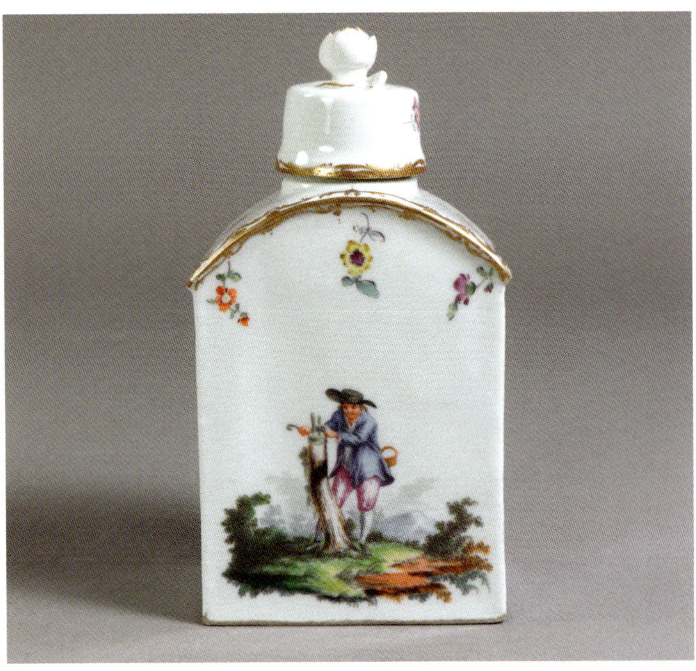

1
Teedose mit Gärtner, der einen Baum propft
um 1770
Porzellanmanufaktur Fürstenberg
Museum Schloss Fürstenberg
H. 12,6 cm

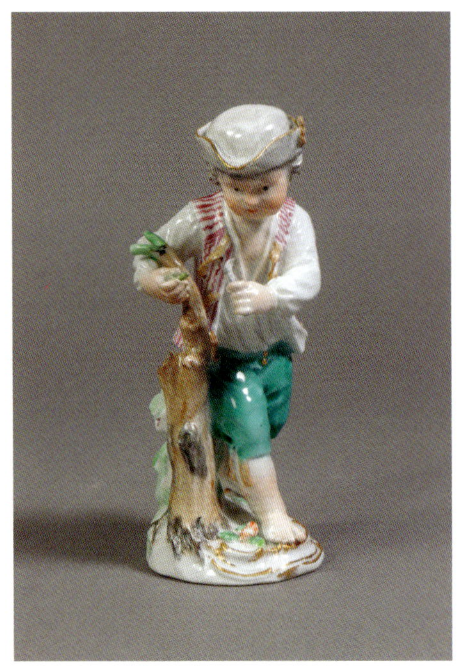

2
Gärtnerjunge beim Okulieren eines Baumes
Modell: Johann Joachim Kaendler (1706-1775), um 1750
Porzellanmanufaktur Meissen
Thomas Iwe
H. 12 cm

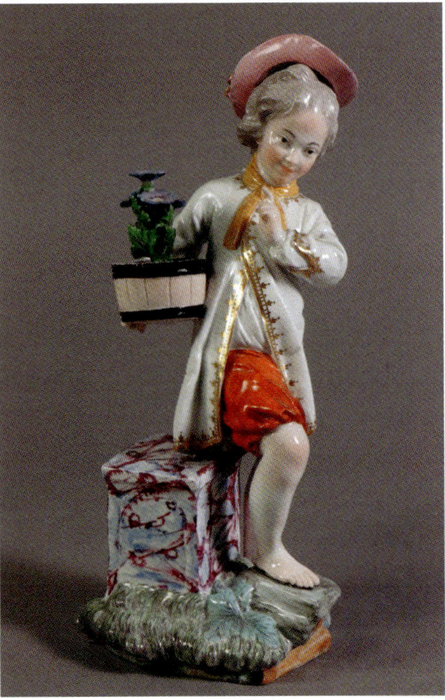

3
Knabe mit Blumentopf
Modell: Johann Peter Melchior (1747-1825), um 1765/70
Porzellanmanufaktur Höchst
Dr. Christof Groß
H. 17,4 cm

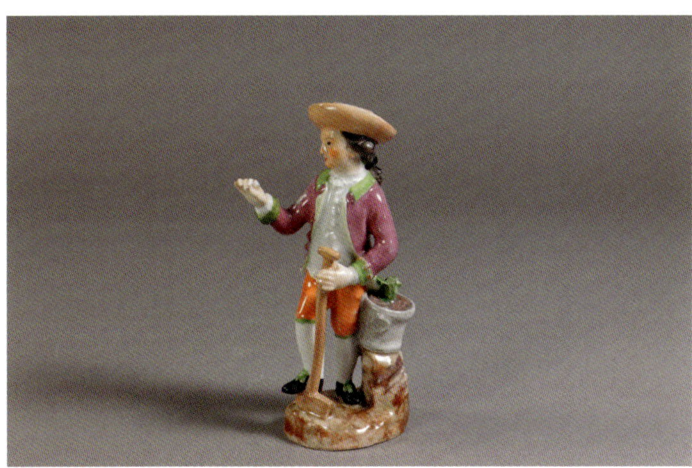

4
Gärtner
Modell: vielleicht Anton Carl Luplau (1745-1795), um 1775
Porzellanmanufaktur Fürstenberg
Sammlung Reichmann, Museum Schloss Fürstenberg
H. 9,8 cm

5
Gärtner
um 1775
Porzellanmanufaktur Volkstedt
Privatbesitz
H. 17 cm

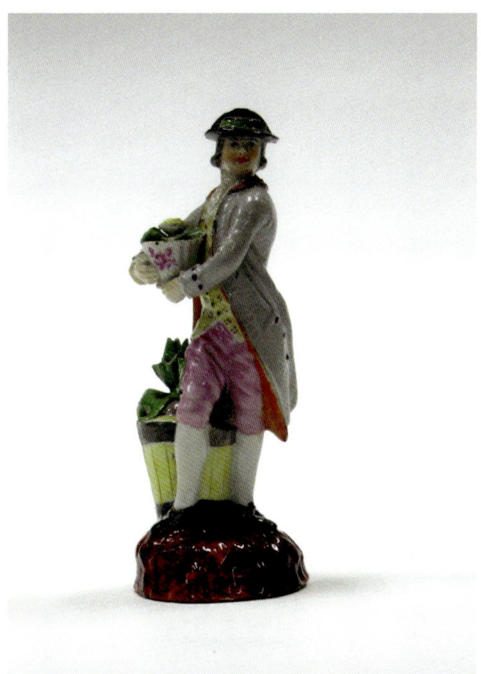

6
Gärtner
um 1775
Porzellanmanufaktur Volkstedt
Museum August Kestner Hannover
H. 17 cm

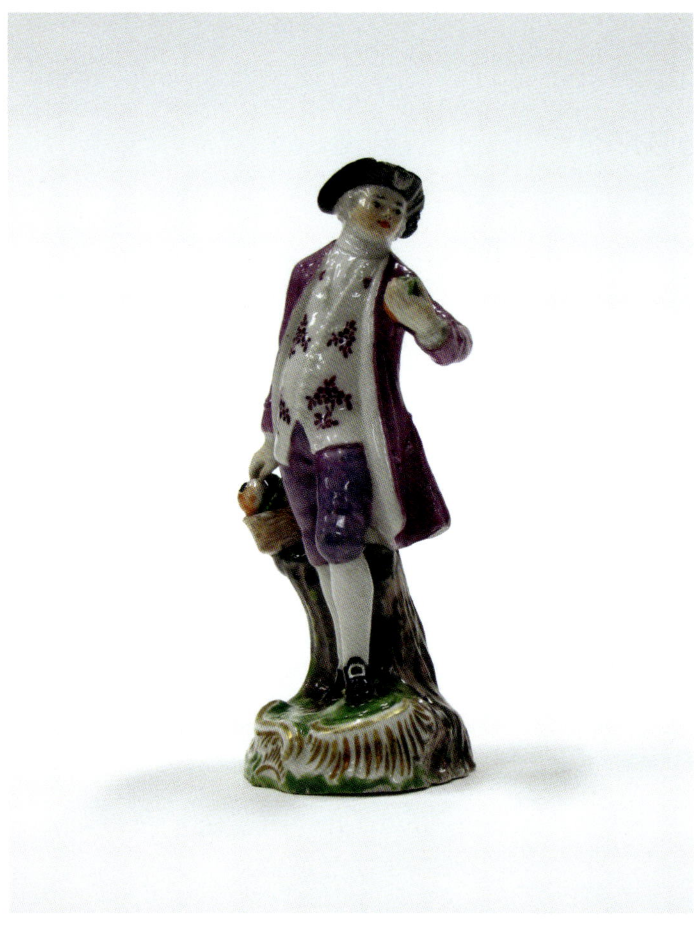

7
Gärtner als Personifikation des Herbstes
um 1775
Porzellanmanufaktur Volkstedt
Museum August Kestner Hannover
H. 13 cm

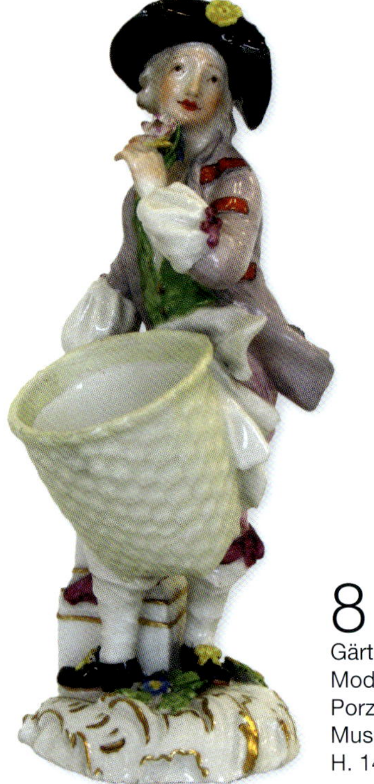

8
Gärtner mit Korb als Gewürzgefäß
Modell: vielleicht Friedrich Elias Meyer (um 1723-1785), um 1750
Porzellanmanufaktur Meissen
Museum August Kestner Hannover
H. 14 cm

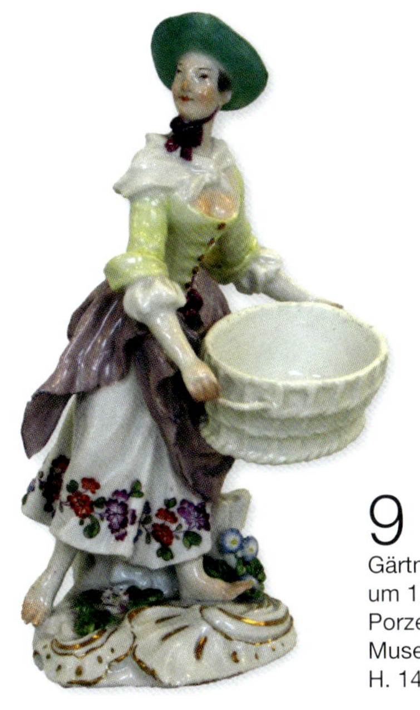

9
Gärtnerin mit Korb als Gewürzgefäß
um 1750
Porzellanmanufaktur Meissen
Museum August Kestner Hannover
H. 14,5 cm

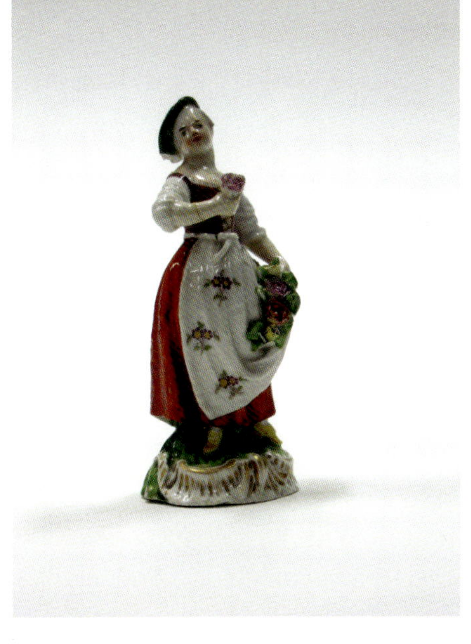

10
Gärtnerin
um 1775
Porzellanmanufaktur Volkstedt
Museum August Kestner Hannover
H. 13 cm

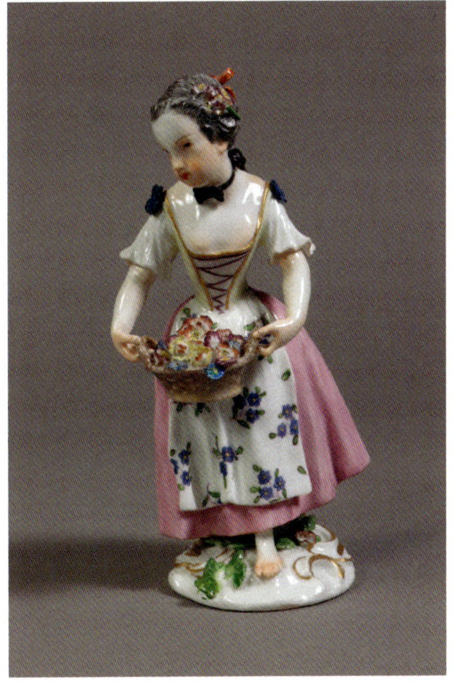

11
Mädchen mit Blumenkorb
Modell: Johann Joachim Kaendler (1706-1775), um 1750
Porzellanmanufaktur Meissen
Thomas Iwe
H. 13,5

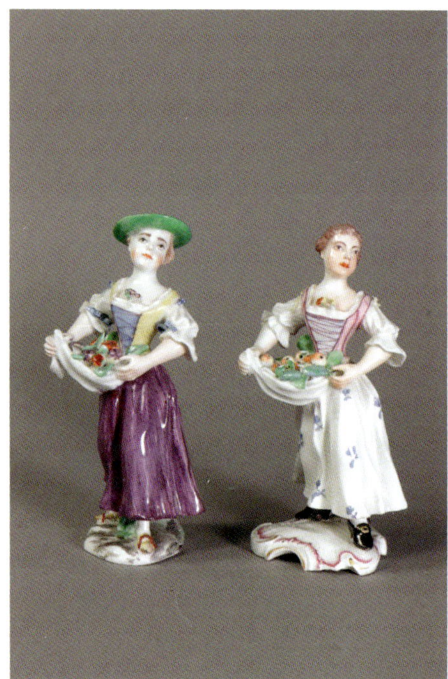

12
Zwei Gärtnerinnen
um 1755
Porzellanmanufaktur Höchst
Privatbesitz
H. 12,5

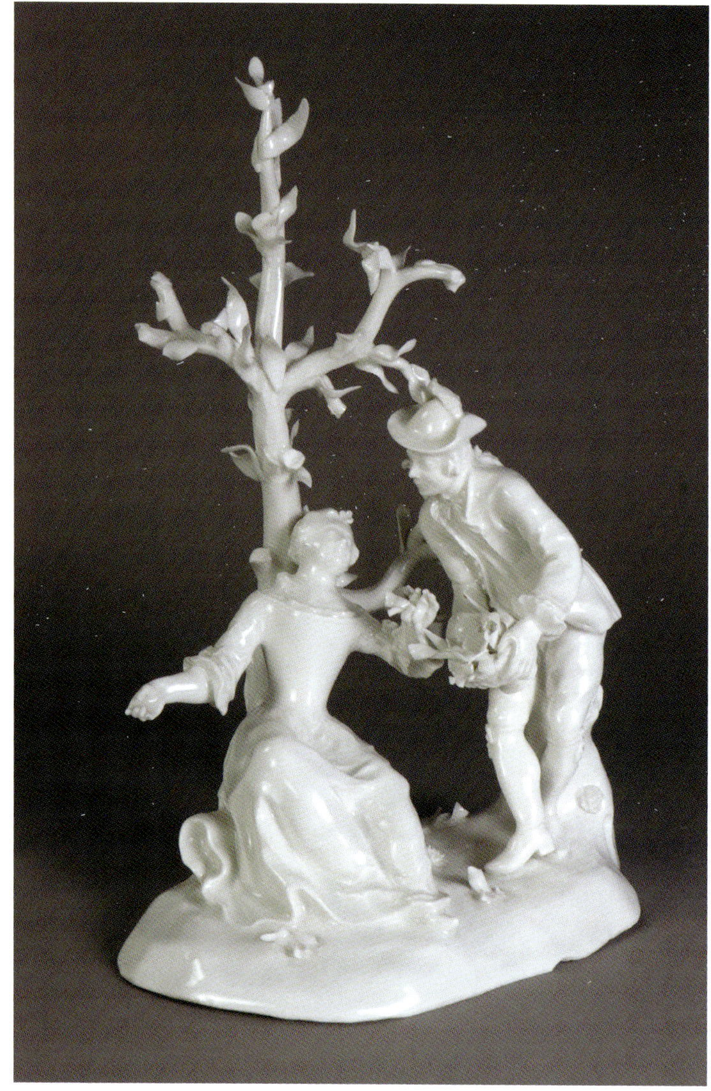

13
Der galante Gärtner
Modell: Laurentius Russinger (1739-1810), um 1755
Porzellanmanufaktur Höchst
Privatbesitz
H. 20,5 cm

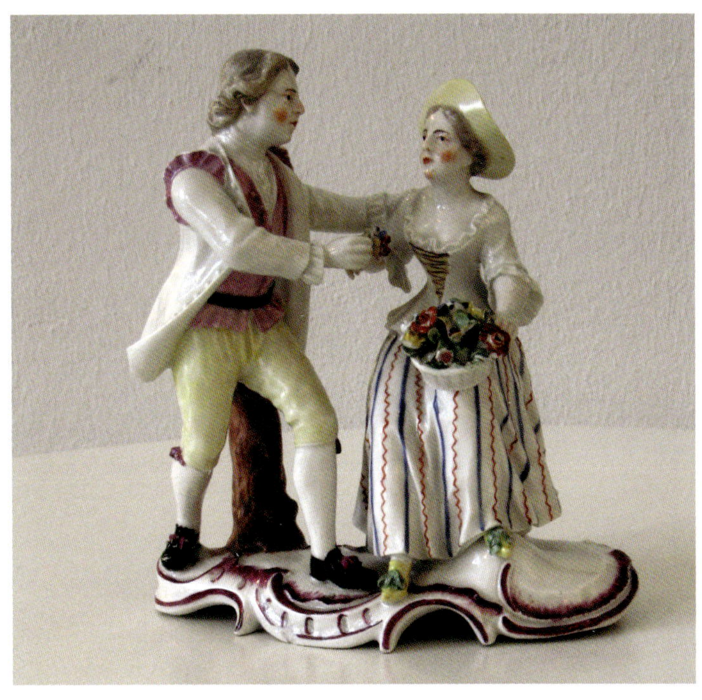

14
Gärtnerpaar als Allegorie des Frühlings
Modell: Johann Wilhelm Lanz (1725-nach 1760), um 1755
Porzellanmanufaktur Frankenthal
Museum August Kestner Hannover
H. 16,2 cm

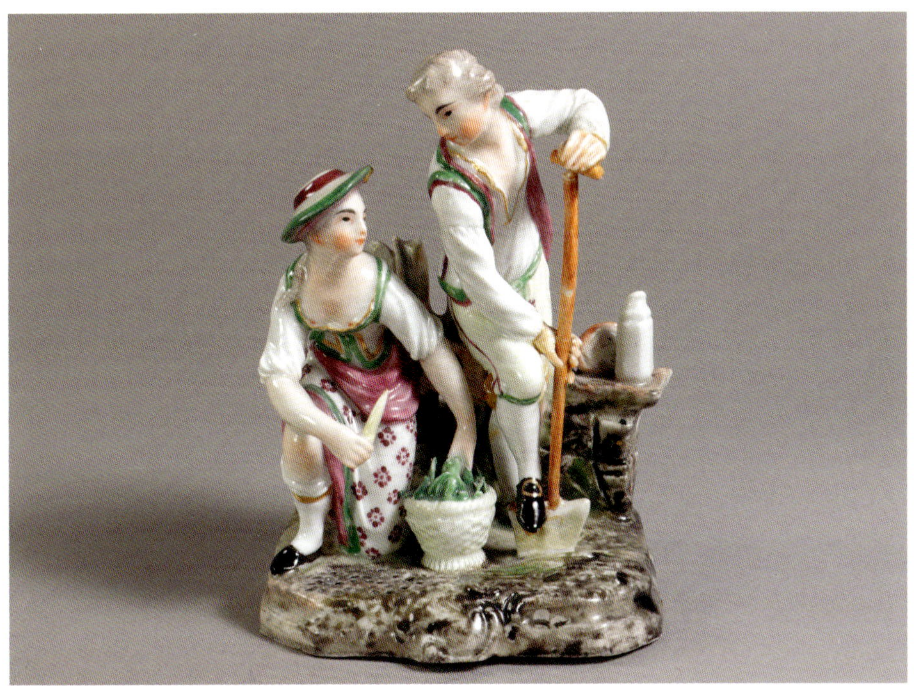

15
Gärtnerpaar beim Pflanzen
Modell: Johann Adam Bauer (um 1743-nach 1780), 1765/70
Porzellanmanufaktur Ludwigsburg
Privatbesitz
11,8 x 9 x 8 cm

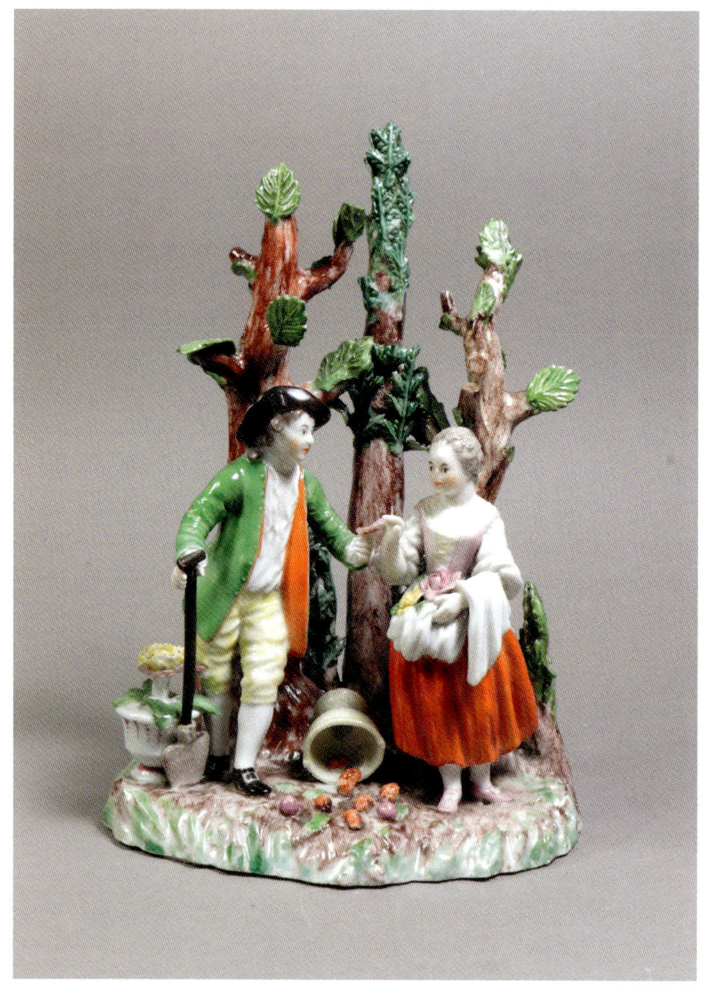

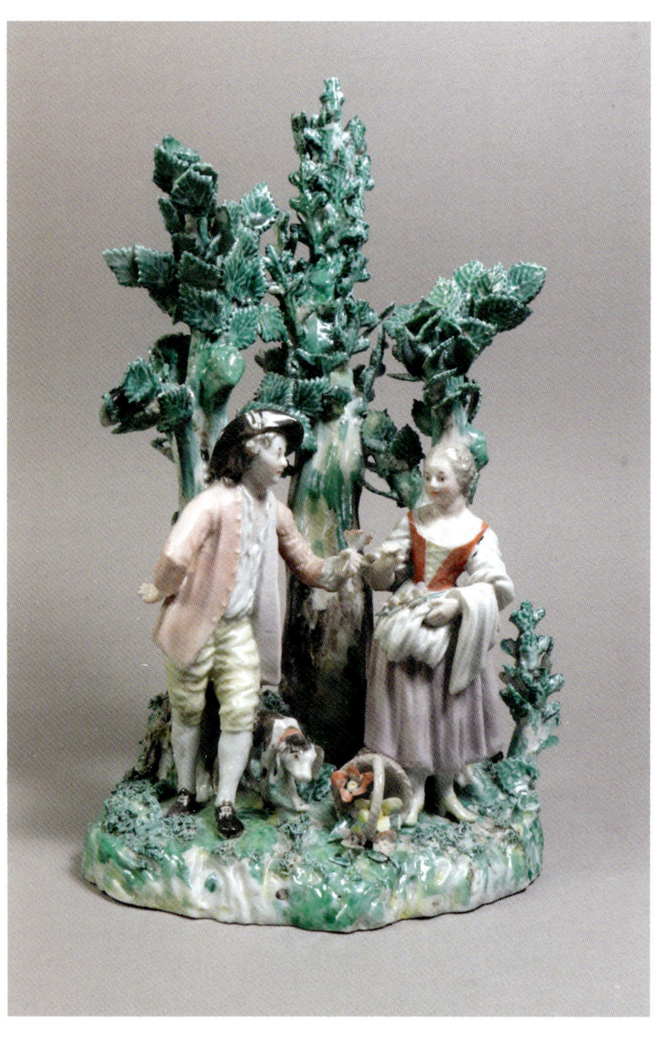

16
Gärtnergruppe - Allegorie der Erde
um 1770
Porzellanmanufaktur Volkstedt
Privatbesitz
21,8 x 15,3 x 11,8 cm

17
Gärtnergruppe - Allegorie der Erde
um 1770
Porzellanmanufaktur Volkstedt
Privatbesitz
26,5 x 15,5 x 11,8 cm

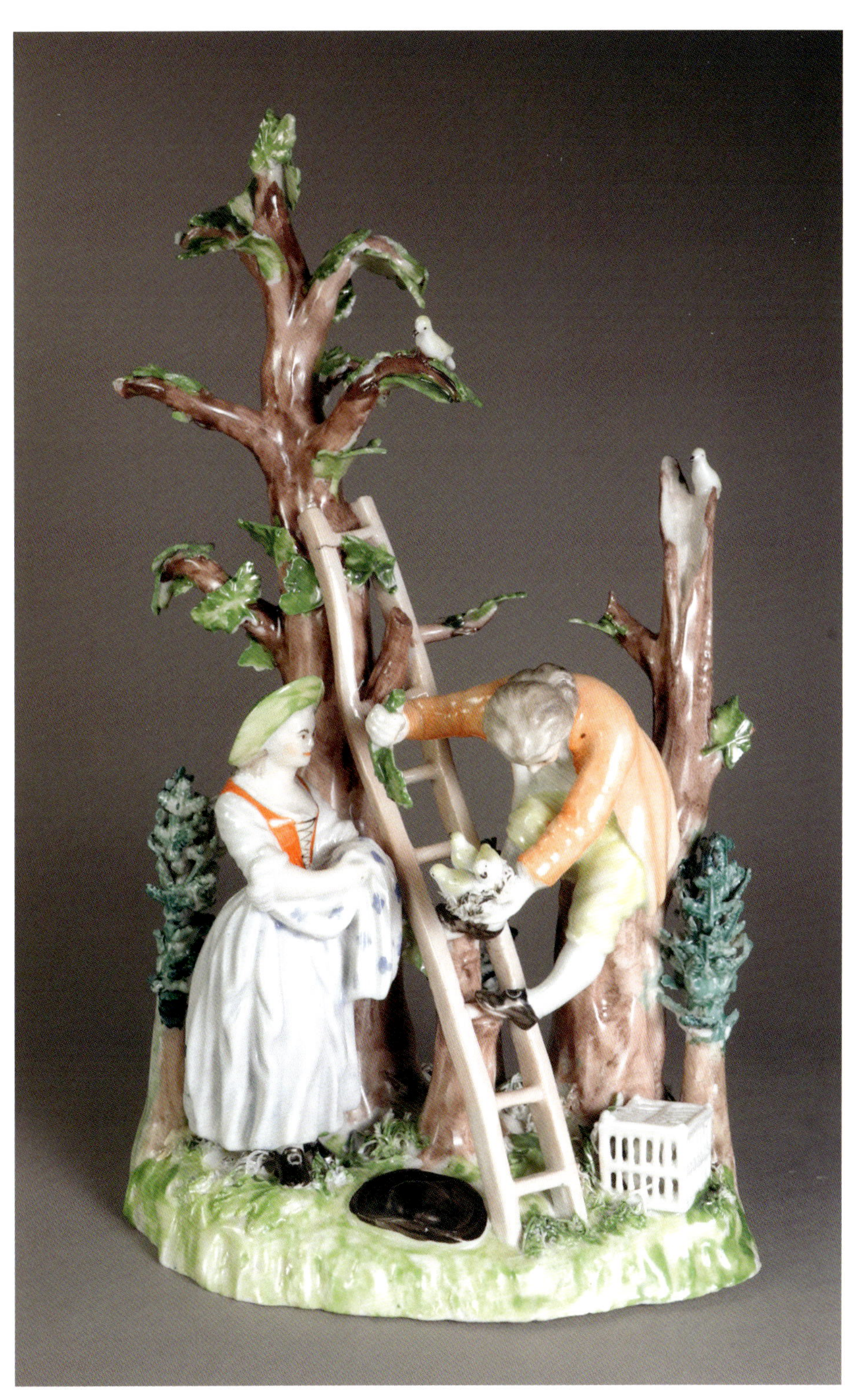

18
Die Vogelsteller - Allegorie der Luft
um 1770
Porzellanmanufaktur Volkstedt
Privatbesitz
28,3 x 17 x 11,5 cm

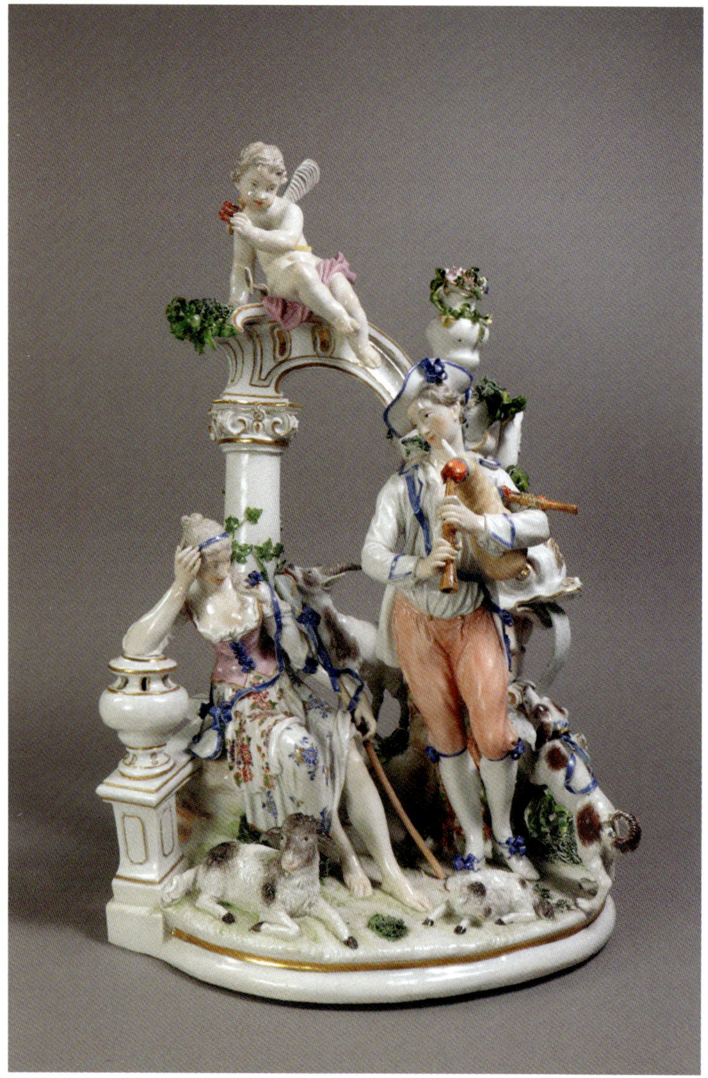

20
Schäfergruppe in Ruine
Modell: Johann Christian Friedrich Wilhelm Beyer (1725-1806), um 1762
Porzellanmanufaktur Ludwigsburg
Privatbesitz
33 x 20,5 x 19 cm

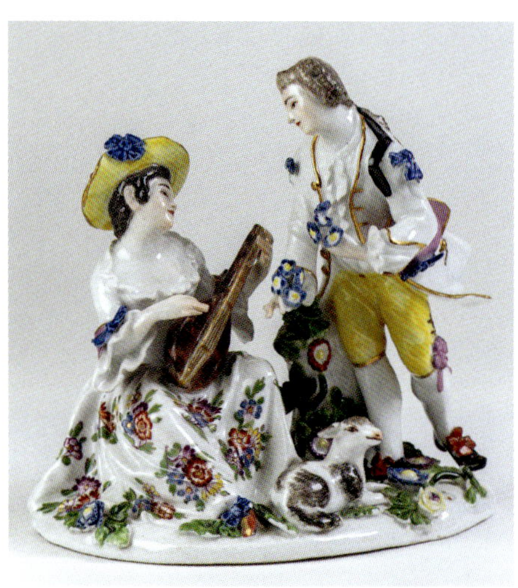

19
Schäfergruppe
Modell: Johann Joachim Kaendler (1706-1775), um 1743
Porzellanmanufaktur Meissen
Museum August Kestner Hannover
H. 13 cm

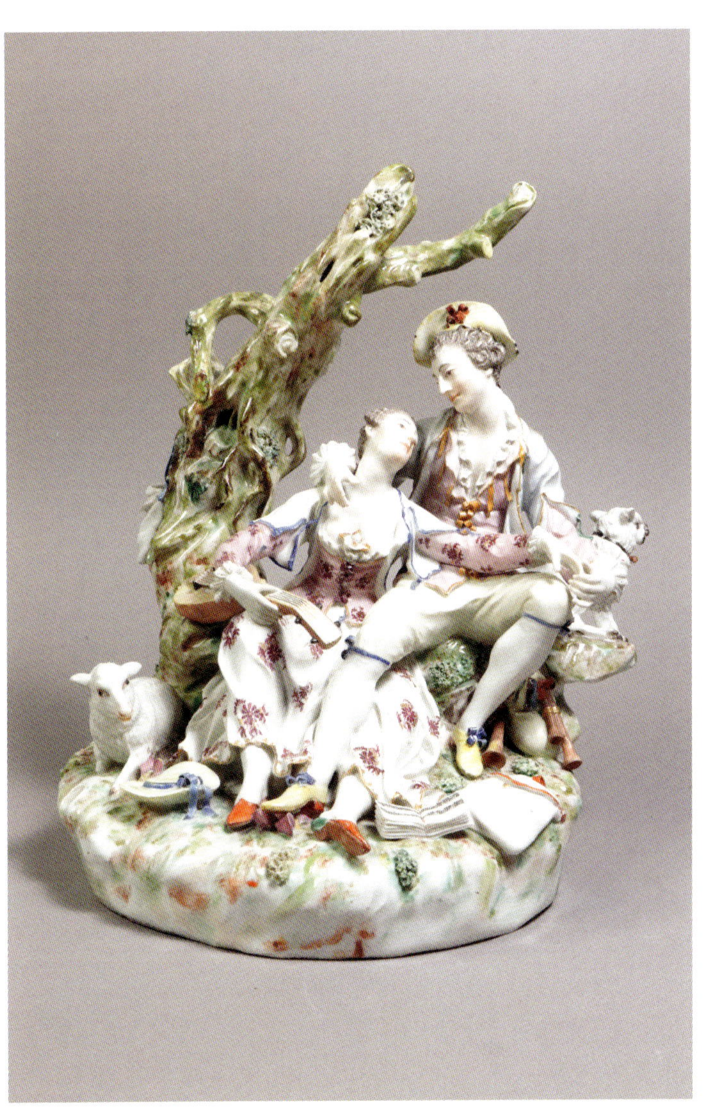

21
Schäfergruppe
Modell: Johann Christoph Haselmeyer (?- wohl 1771), um 1762/66
Porzellanmanufaktur Ludwigsburg
Privatbesitz
23,8 x 20 x 17,4 cm

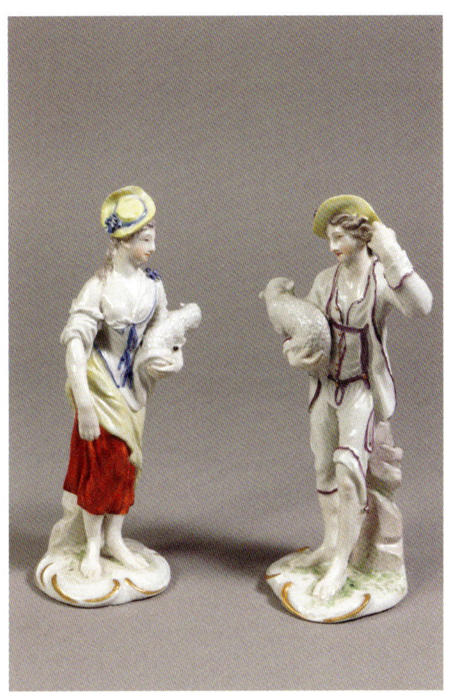

22
Schäferin und Schäfer
Modelle: Joseph Nees (1730-1778), um 1762/67
Porzellanmanufaktur Ludwigsburg
Museum Huelsmann Bielefeld
H. 13,3

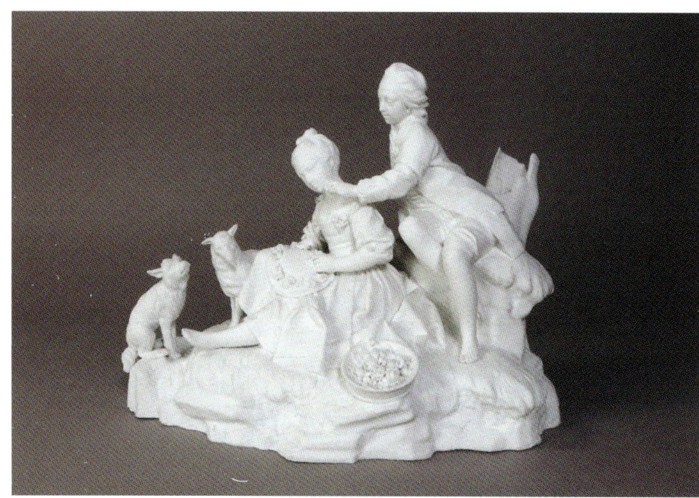

23
Der geschmückte Hut
Modell: Johann Peter Melchior (1747-1825), um 1770
Porzellanmanufaktur Höchst
Privatbesitz
19,2 x 25,5 x 14,5 cm

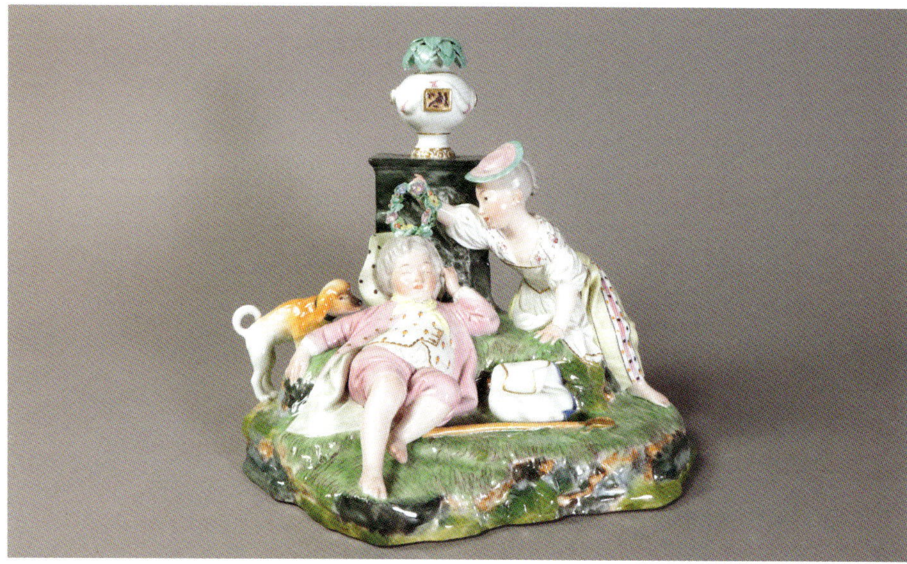

24
Der bekränzte Schläfer
Modell: Johann Peter Melchior (1747-1825), um 1765
Porzellanmanufaktur Höchst
Privatbesitz
17 x 19,2 x 17,5 cm

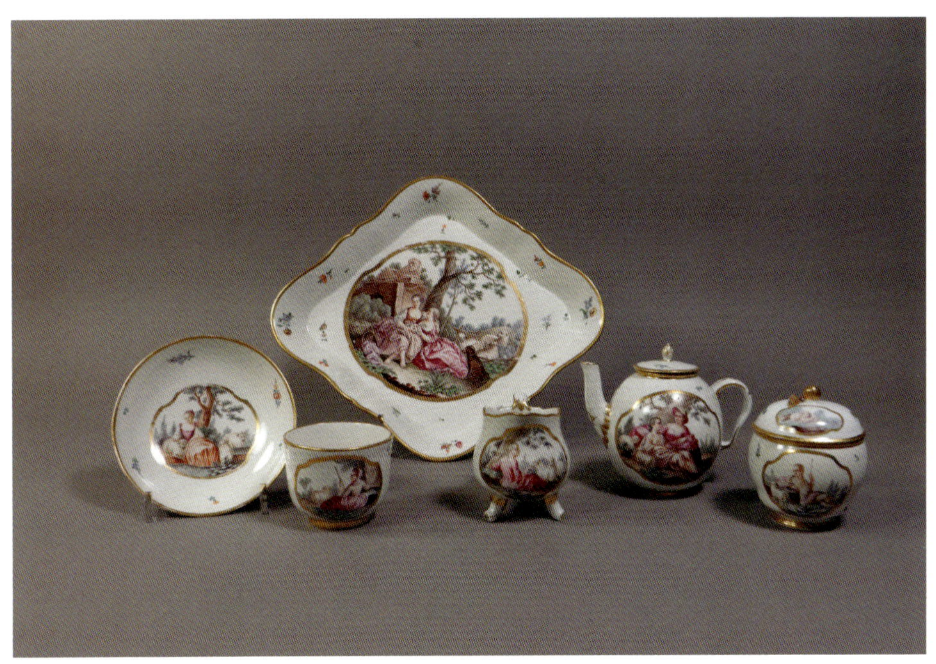

25
Solitaire mit Schäferszenen
Malerei: wohl Jakob Osterspey (?-1782), um 1765/70
Porzellanmanufaktur Frankenthal
Privatbesitz
Kanne: H. 10,5 cm; Milchgießer: H. 7,6 cm;
Zuckerdose: H. 9,2 cm;
Tasse: H. 5,5 cm; Unterschale: Dm. 12,6 cm;
Tableau: 28,8 x 24,9 cm

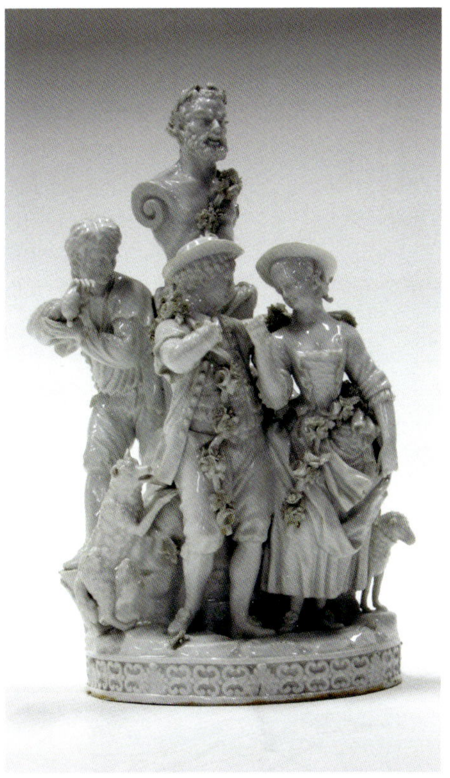

26
Das ländliche Brautpaar
Modell: Michel Victor Acier (1736-1799), um 1775/80
Porzellanmanufaktur Meissen
Museum August Kestner Hannover
H. 34 cm

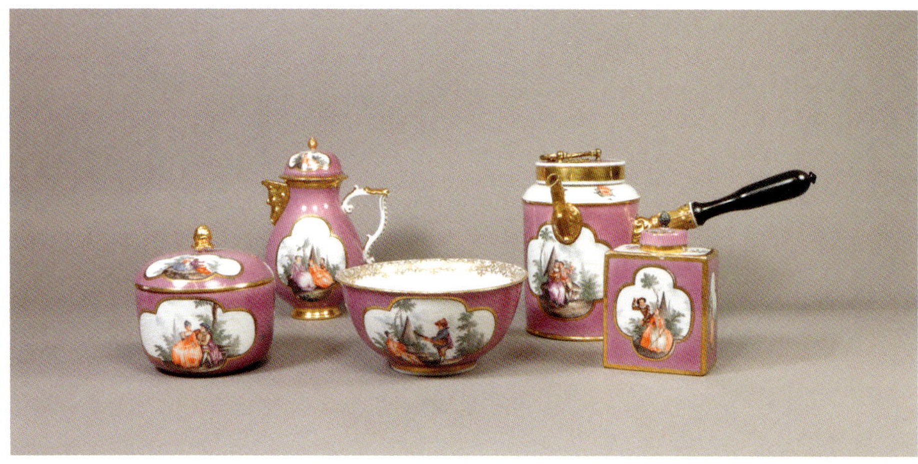

27
Schokoladenservice mit Watteaumalerei
um 1740
Porzellanmanufaktur Meissen
Museum Wolfenbüttel,
Erwerb gefördert von der Ernst von Siemens Kunststiftung

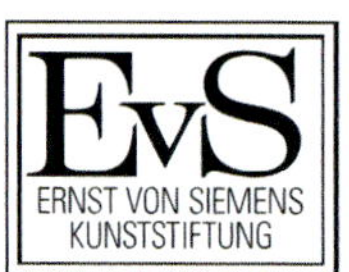

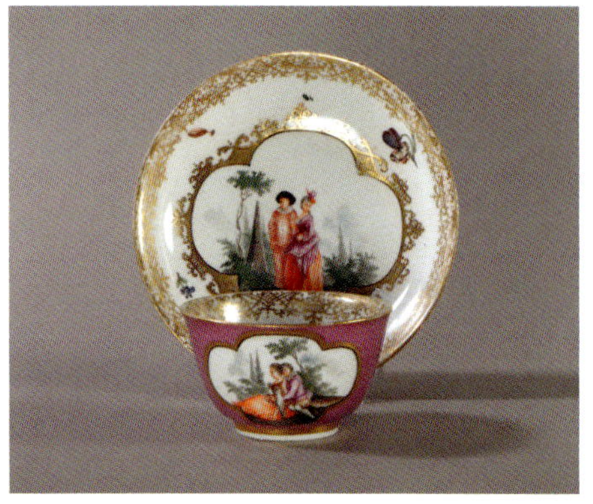
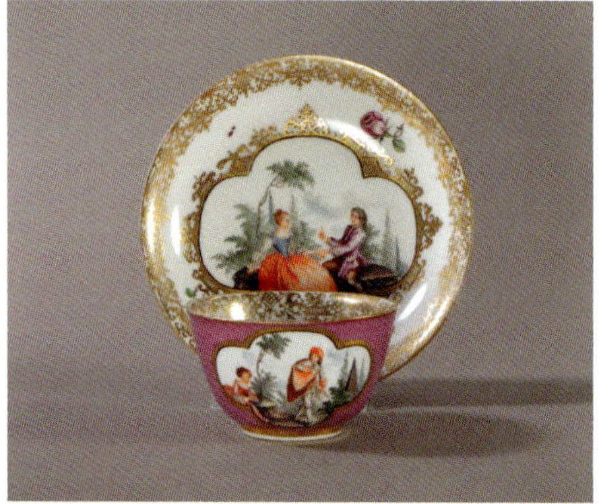
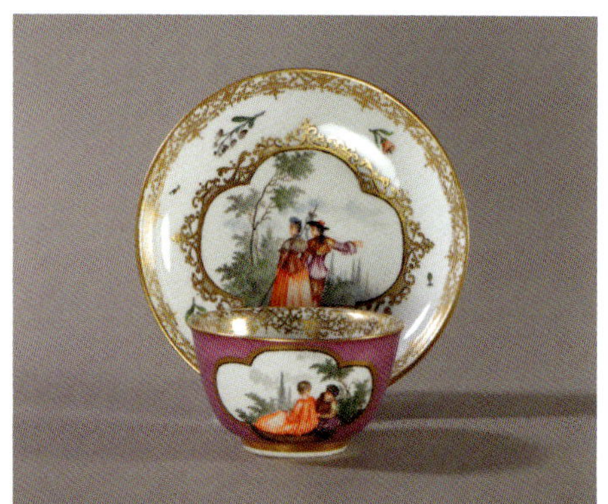
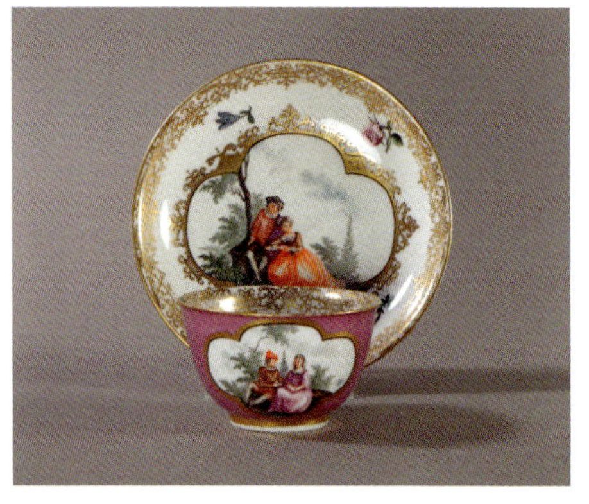
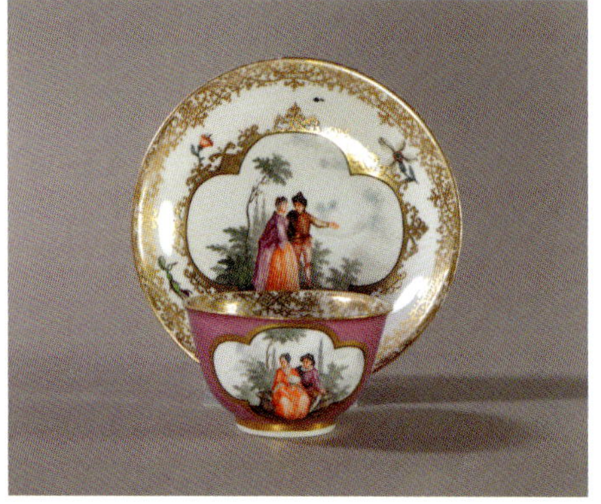
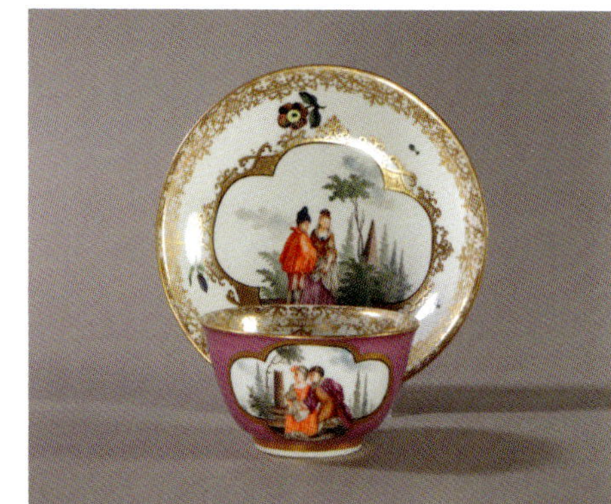

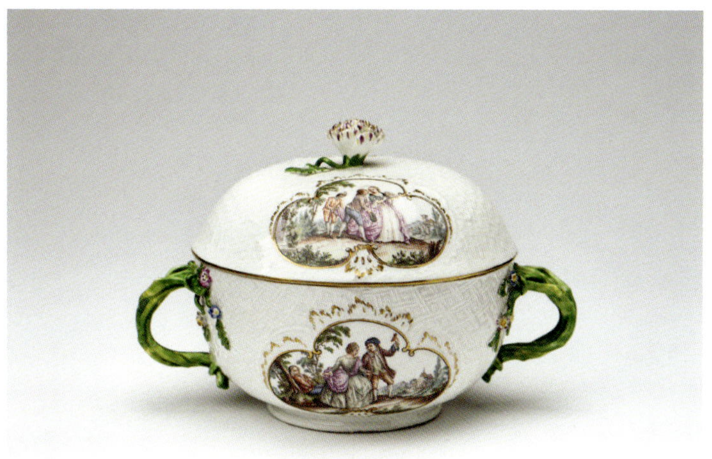

28
Bouillonterrine mit Watteaumalerei
um 1750
Porzellanmanufaktur Meissen
Museum August Kestner Hannover
H. 11 cm

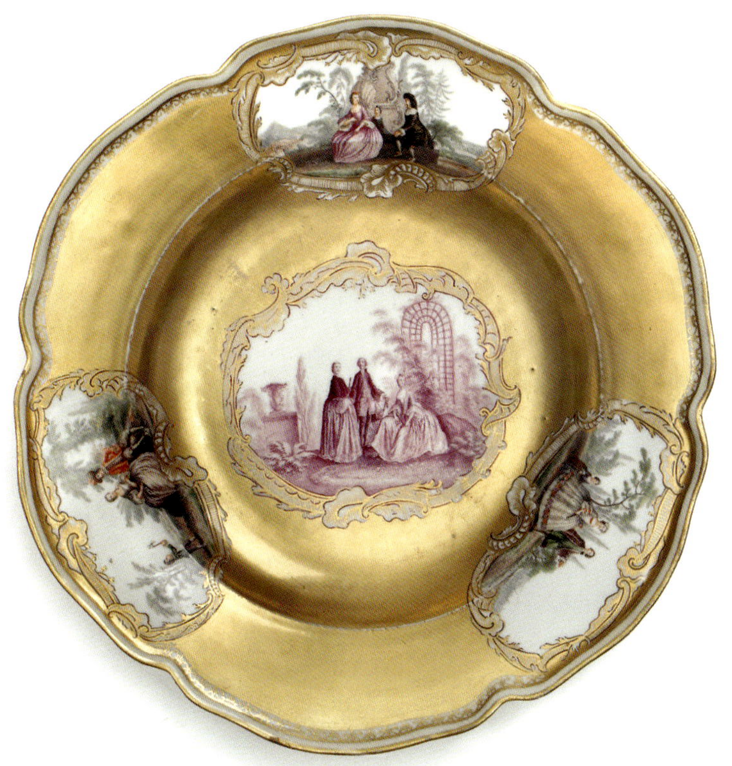

29
Teller mit Goldfond und Watteaumalerei
um 1750
Porzellanmanufaktur Meissen
Museum August Kestner Hannover
Dm. 25,8 cm

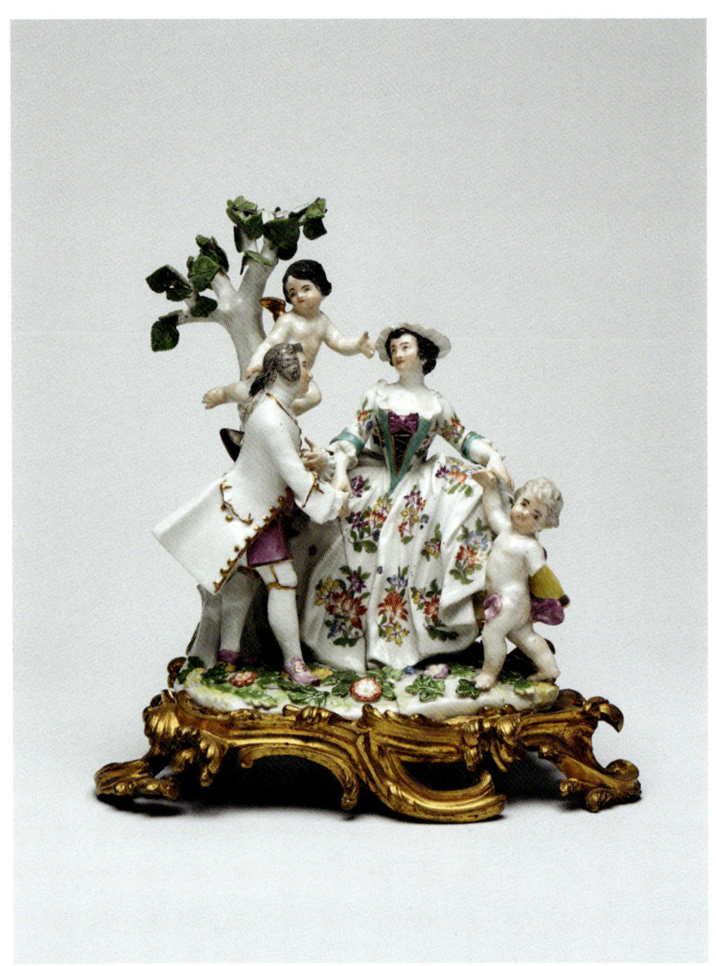

30
Die Verlobung
Modell: Johann Joachim Kaendler (1706-1775), 1747
Porzellanmanufaktur Meissen
Museum August Kestner Hannover
H. 22,5 cm

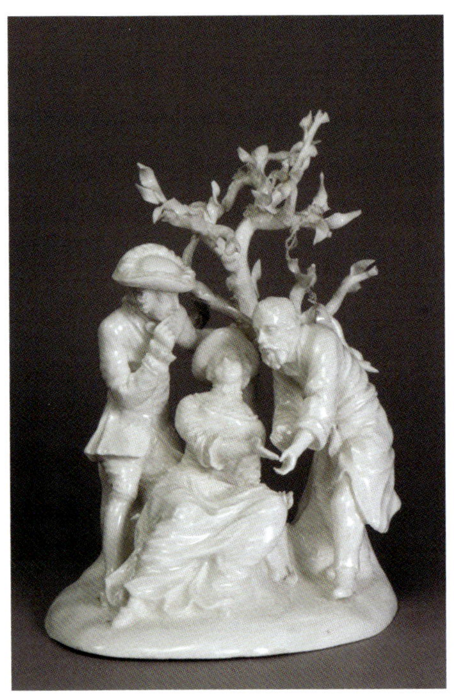

31
Wahrsager-Gruppe
um 1750
Porzellanmanufaktur Höchst
Privatbesitz
H. 18,2 cm

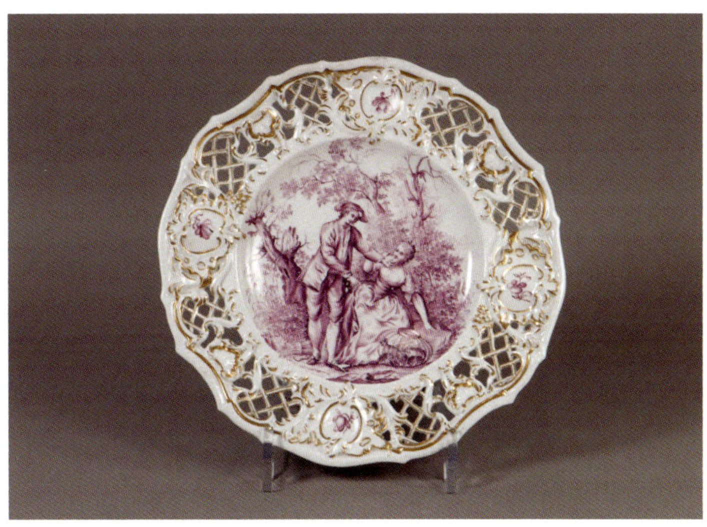

32
Dessertteller mit Kavalier und Dame
Modell: wohl Simon Feilner (1726-1798), um 1753; Malerei: Johann Georg Nerge (1731-1768), um 1755
Porzellanmanufaktur Fürstenberg
Museum August Kestner Hannover
Dm. 23,5 cm

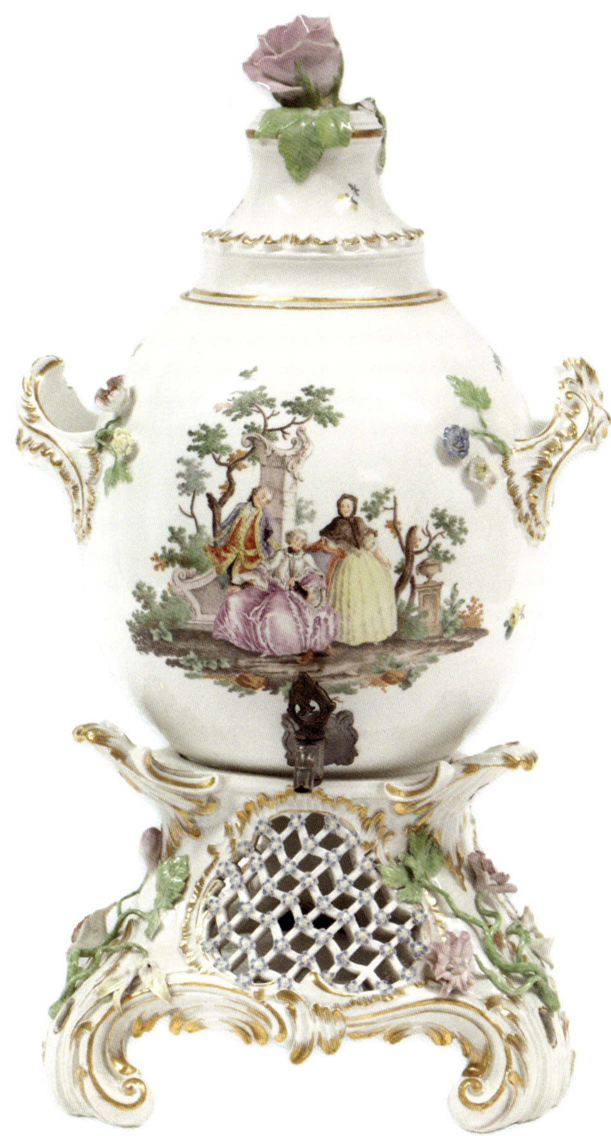

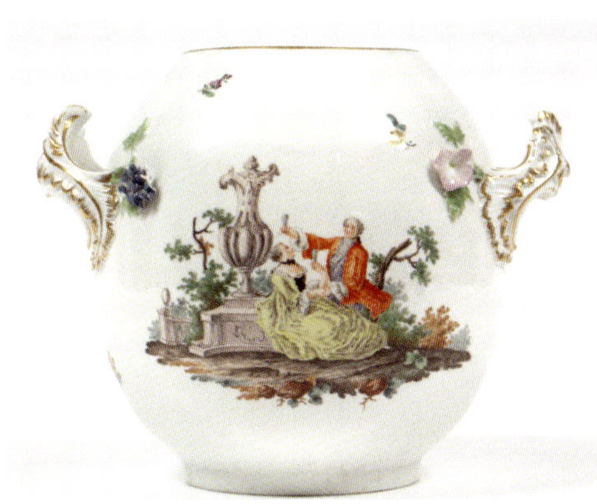

33
Samowar mit höfischen Gartenszenen nach Kupferstichen von Johann Elias Nilson (1721-1788)
Malerei: vielleicht Georg Heinrich Holtzmann (?-1798), um 1765
Porzellanmanufaktur Fürstenberg
Museum August Kestner Hannover
H. 38 cm

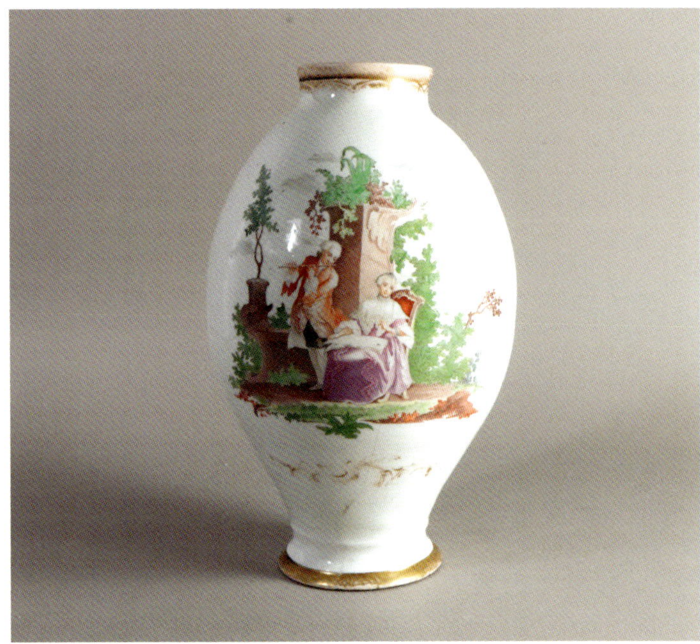

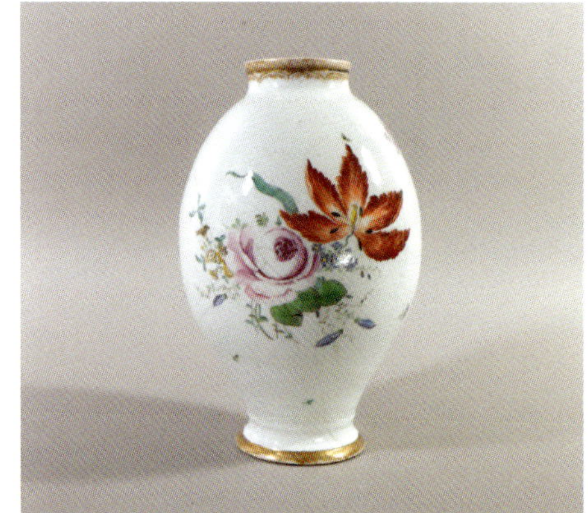

34
Balustervase mit musizierendem Paar und Blumenbouquet
um 1770
Porzellanmanufaktur Volkstedt
Museum August Kestner Hannover
H. 25,5 cm

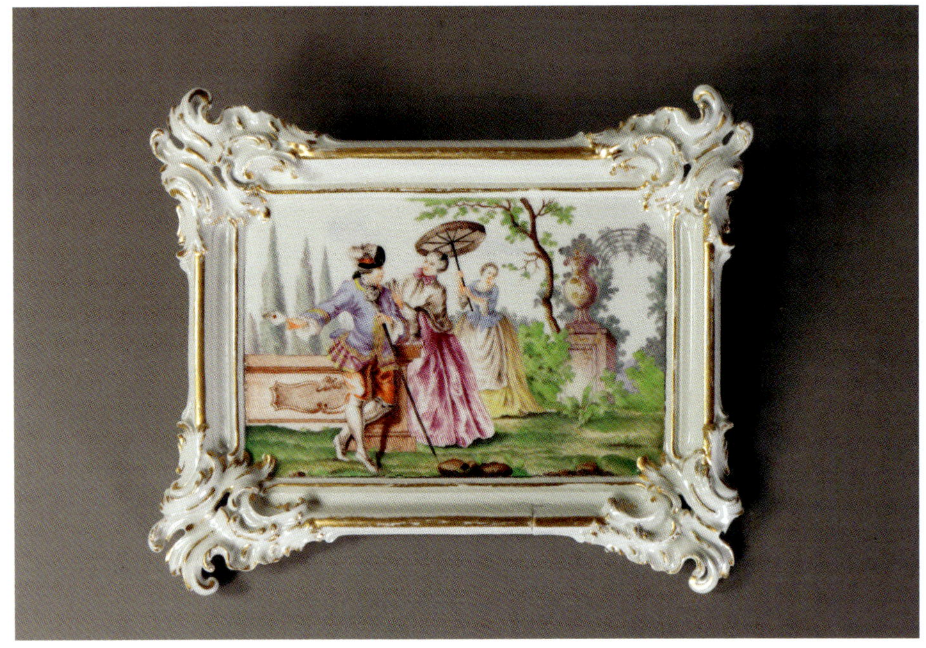

35
Tableau mit galanter Szene
um 1765
Porzellanmanufaktur Fürstenberg
Staatliche Kunstsammlungen Dresden, Porzellansammlung im Zwinger
16,5 x 20,4 cm

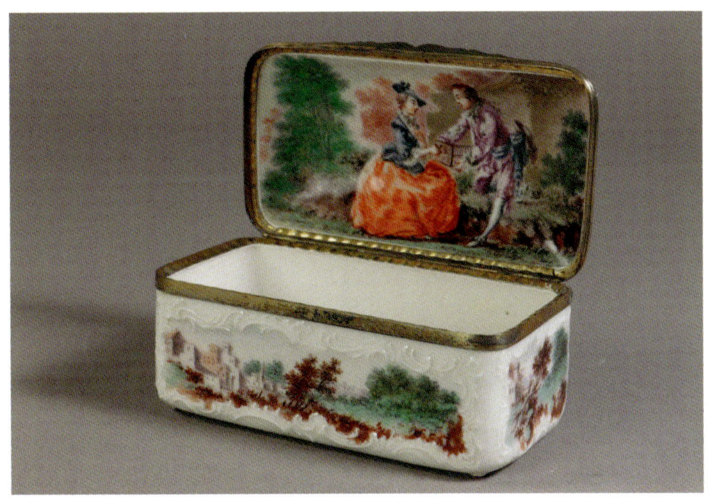

36
Tabatière
um 1765
Porzellanmanufaktur Fürstenberg
Museum Schloss Fürstenberg
4,8 x 9,7 x 5,4 cm

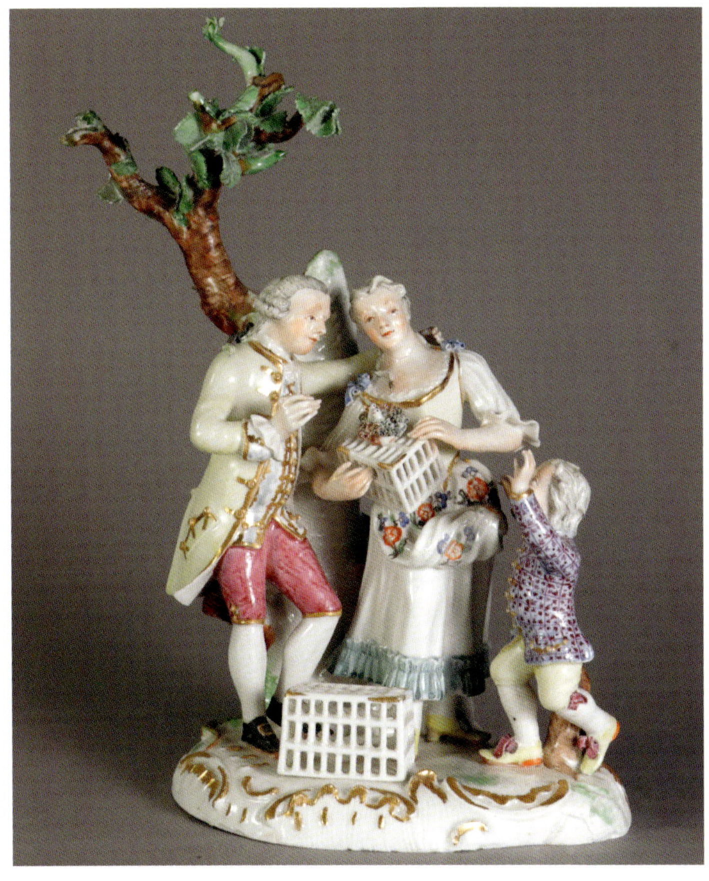

37
Paar mit Vogelbauer
um 1765
Porzellanmanufaktur Ansbach
Privatbesitz
20 x 15 x 10 cm

Darstellungen realer und imaginierter Gärten

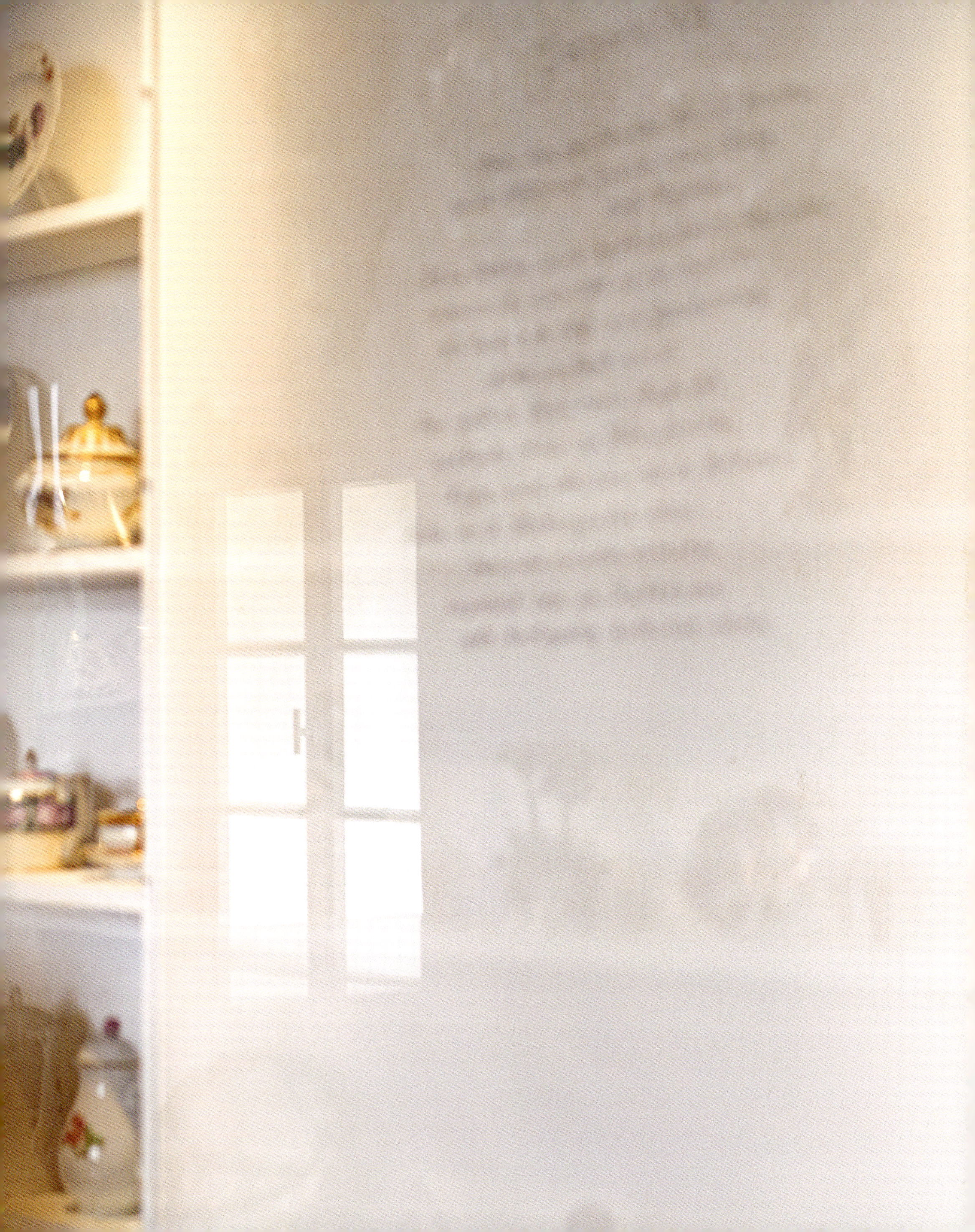

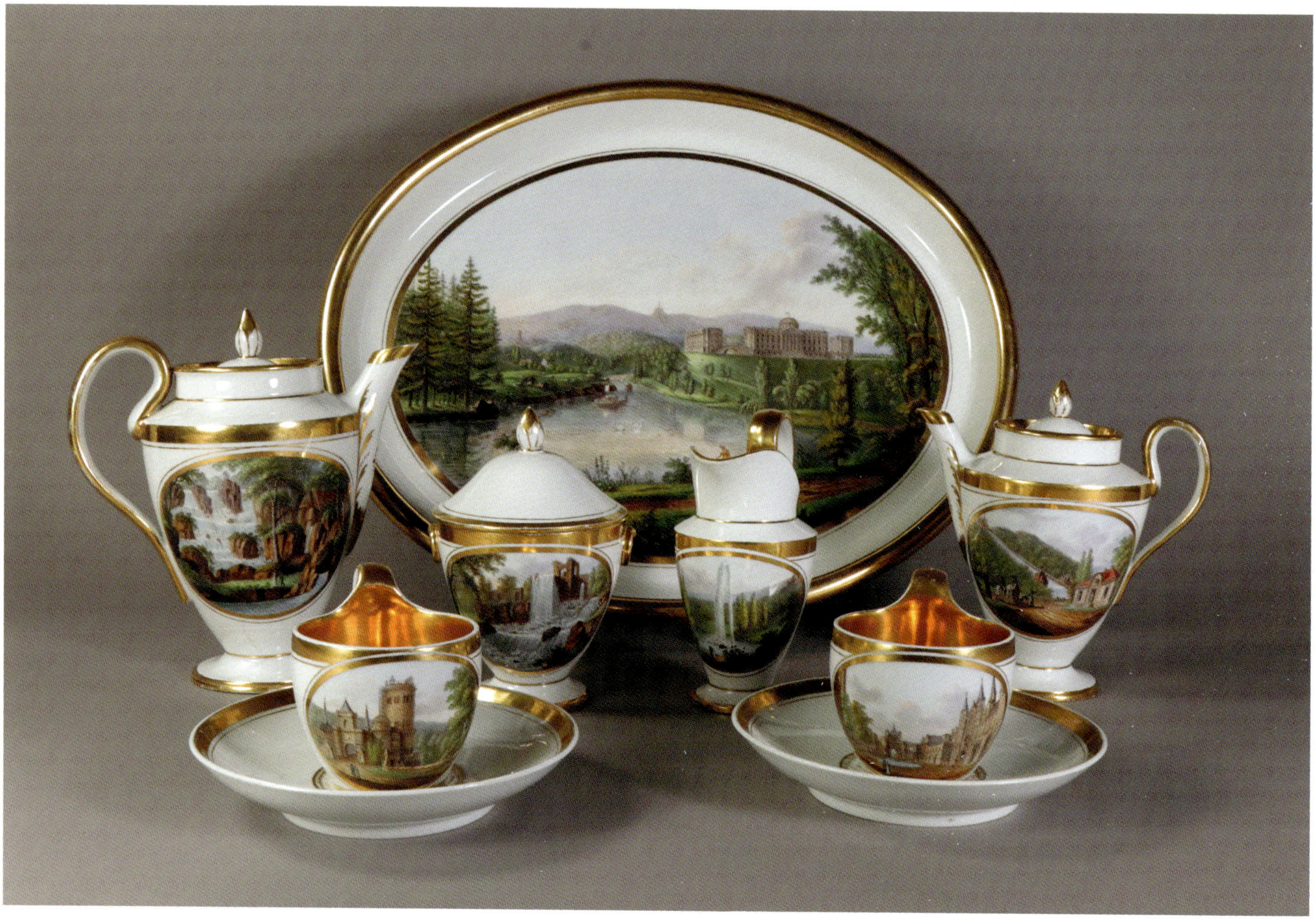

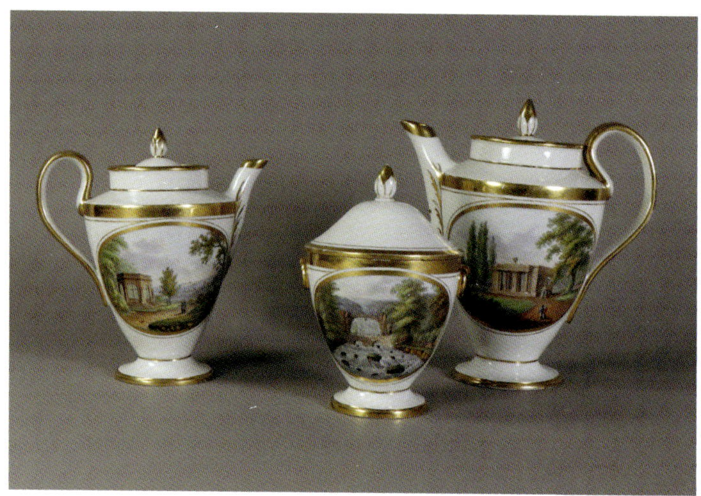

38

Déjeuner mit Ansichten des Bergparks in Kassel-Wilhelmshöhe
Malerei: Heinrich Christian Brüning (1779–1855), um 1800/03
Porzellanmanufaktur Fürstenberg
Stadtmuseum Kassel
Kaffeekanne: H. 17,5 cm; Teekanne: 15,2 cm; Milchgießer: H. 13,2 cm; Zuckerdose: H. 14 cm; Tassen: H. 7 cm; Untertassen: Dm. 14,4 cm; Tableau: 40 x 31,5 cm

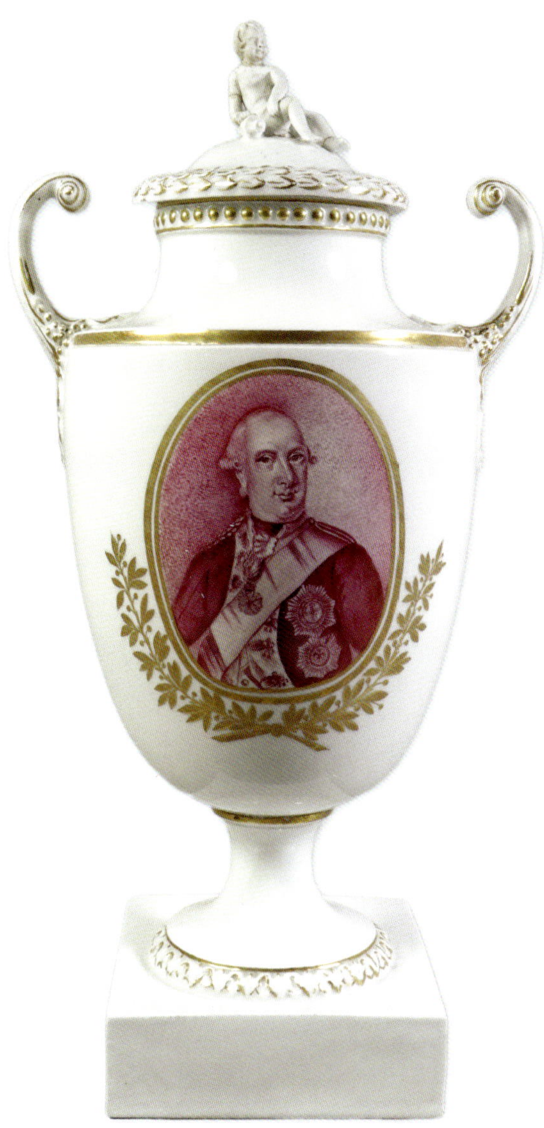

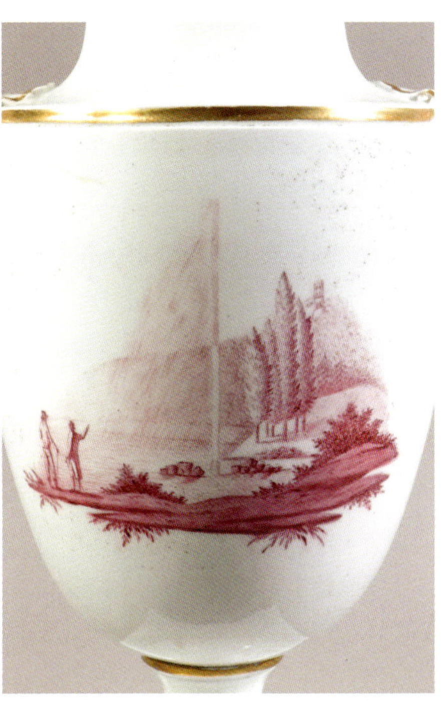

39

Deckelvase „Lit. G 4" mit Porträt von Landgraf Wilhelm IX. von Hessen-Kassel auf der Rückseite Ansicht des Fontänenteichs
Malerei: Matthias Bernhard Beck (1758–1824), nach 1800
Porzellanmanufaktur Fürstenberg
Privatbesitz
H. 39,5 cm

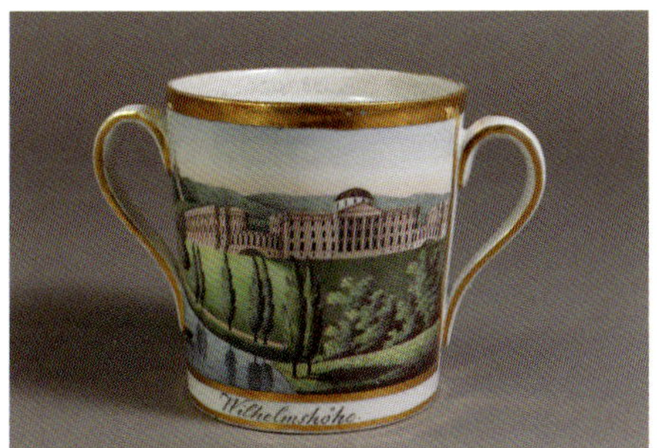

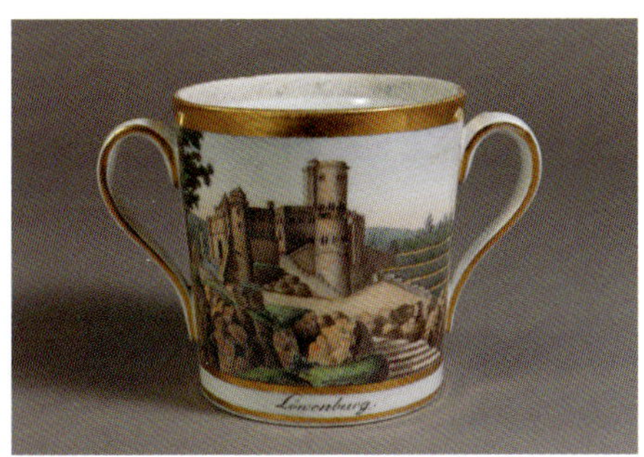

40

Doppelhenkeltasse mit Ansichten von Schloss Wilhelmshöhe und der Löwenburg im Bergpark in Kassel
um 1830
Porzellanmanufaktur Fürstenberg
Museum Schloss Fürstenberg
H. 8,3 cm

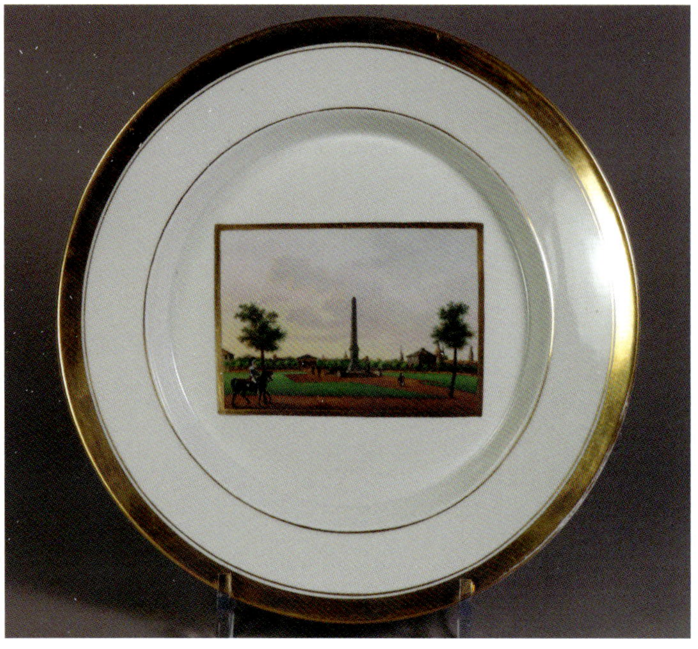

41
Teller mit Ansicht des Löwenwalls in Braunschweig
um 1825
Porzellanmanufaktur Fürstenberg
Museum Schloss Fürstenberg
Dm. 24,5 cm

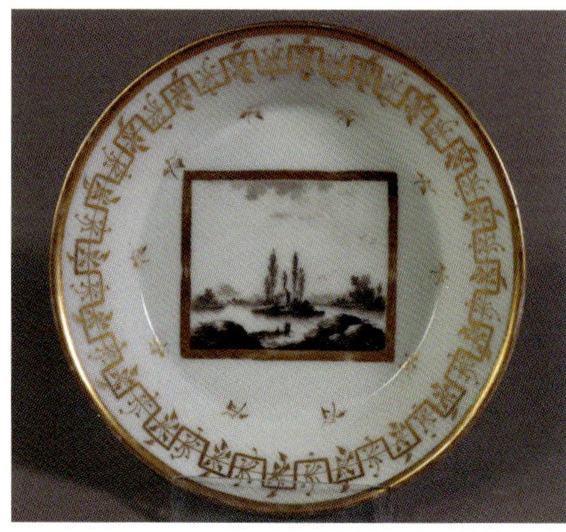

42
Untertasse mit Ansicht einer Rousseau-Insel
um 1800
Porzellanmanufaktur Nast, Paris
Dr. Christof Groß
Dm. 13 cm

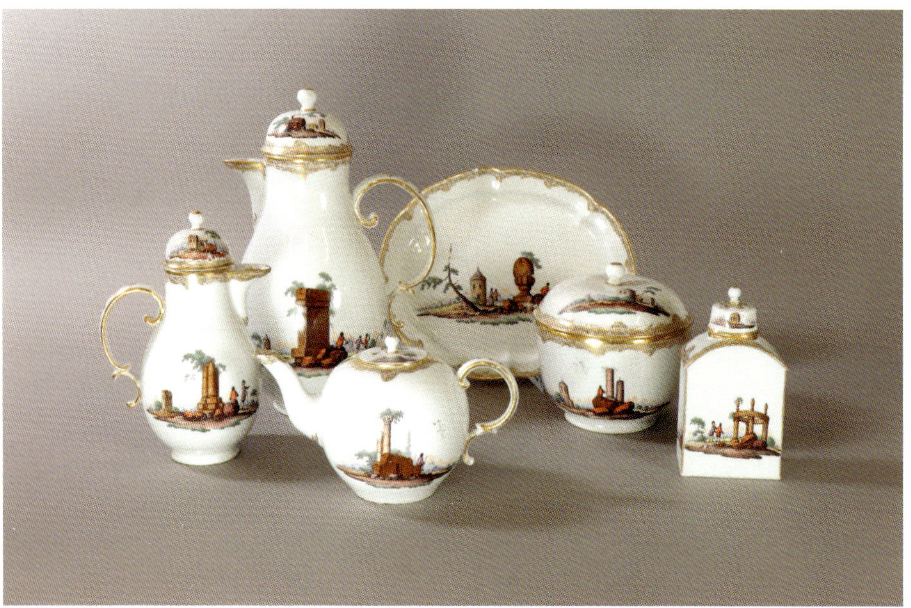

43
Teile eines Kaffee- und Teeservices mit antikischen Ruinen und Monumenten in Parklandschaften
Malerei: Andreas Philipp Oettner (um 1735–1792), um 1767
Porzellanmanufaktur Fürstenberg
Museum Schloss Fürstenberg
Kaffeekanne: H. 24 cm; Milchkanne: H: 17 cm; Teekanne: H. 10,3 cm; Zuckerdose: H. 12 cm; Teedose: H. 12,7 cm; Platte: B. 22,4 cm

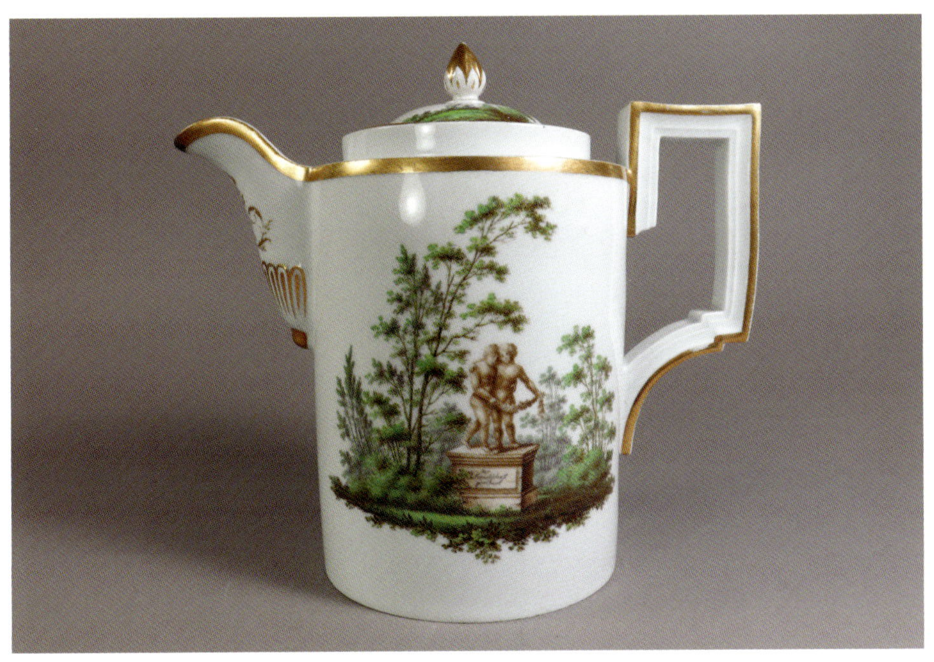

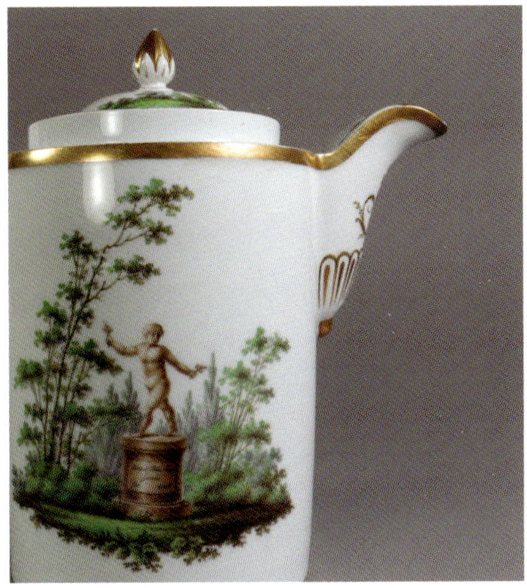

44
Kaffeekanne mit Gartenszenerien mit Skulpturen
um 1800
Porzellanmanufaktur Fürstenberg
Museum Schloss Fürstenberg
H. 20,2 cm

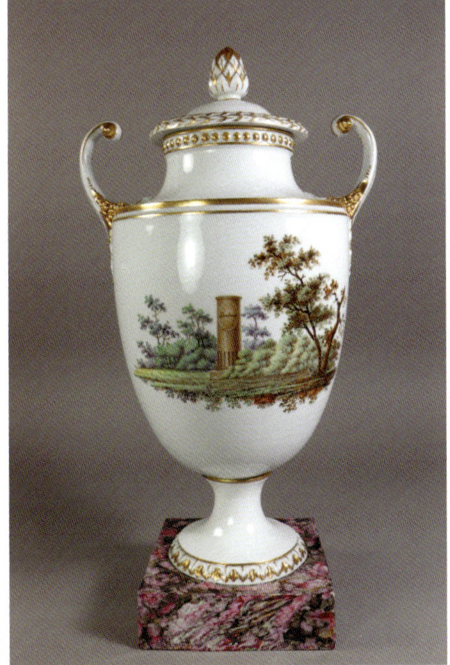

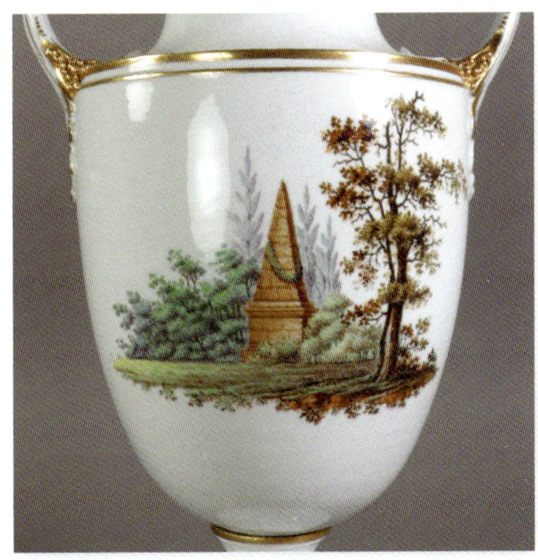

45
Deckelvase „Lit. G 4“ mit Gartenszenerien mit Denkmalen
um 1790
Porzellanmanufaktur Fürstenberg
Museum Schloss Fürstenberg
H. 38,8 cm

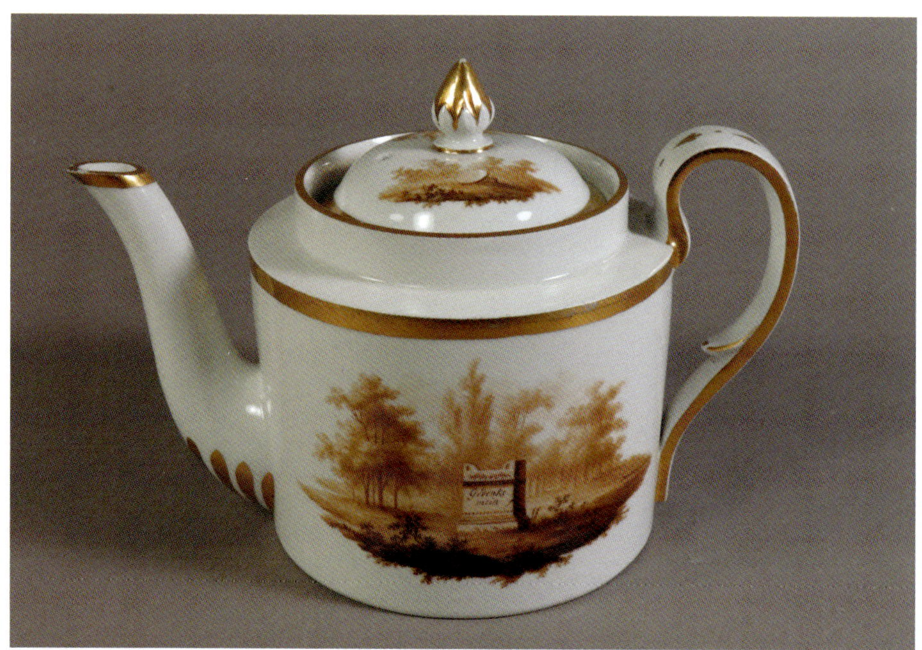

46
Teekanne mit Gartenszenerien mit Gedenksteinen
um 1800
Porzellanmanufaktur Fürstenberg
Museum Schloss Fürstenberg
H. 12,5 cm

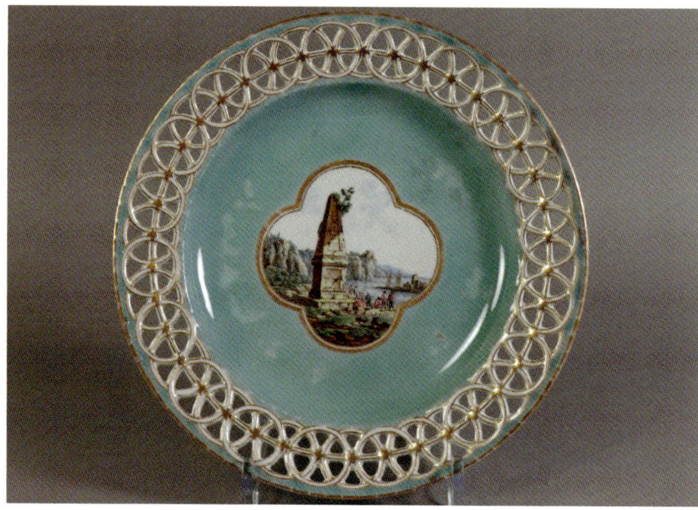

47
Dessertteller mit Obelisk in Ideallandschaft
Malerei: wohl Carl Joseph Toscani (1725–nach 1815)
Fürstenberg
Museum Schloss Fürstenberg
Dm. 23,5 cm

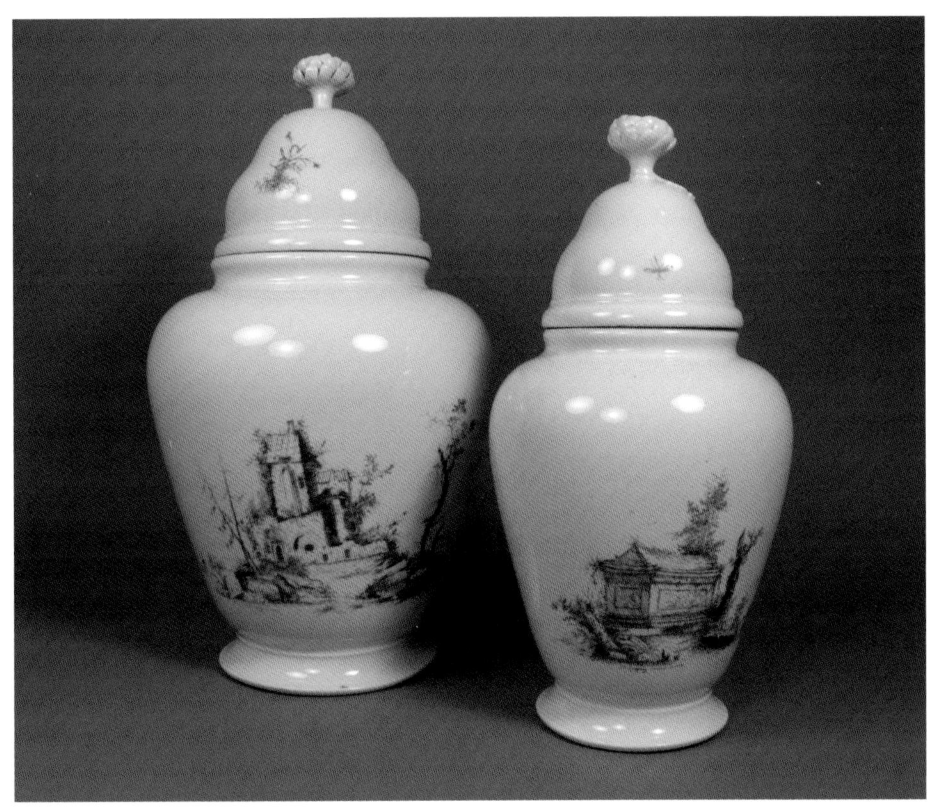

48
Zwei Deckelvasen mit diamantgraviertem Dekor
Dekor: Johann Gottfried Kratzberg (Lebensdaten unbekannt), um 1773
Porzellanmanufaktur Fürstenberg
Museum August Kestner, Hannover
H. 37 cm, H. 31,4 cm

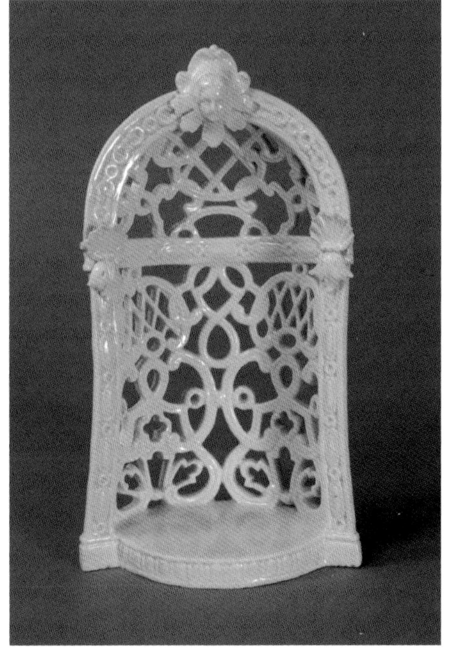

49
Laube
um 1750
Porzellanmanufaktur Meissen
Privatbesitz
H. 16,3 cm

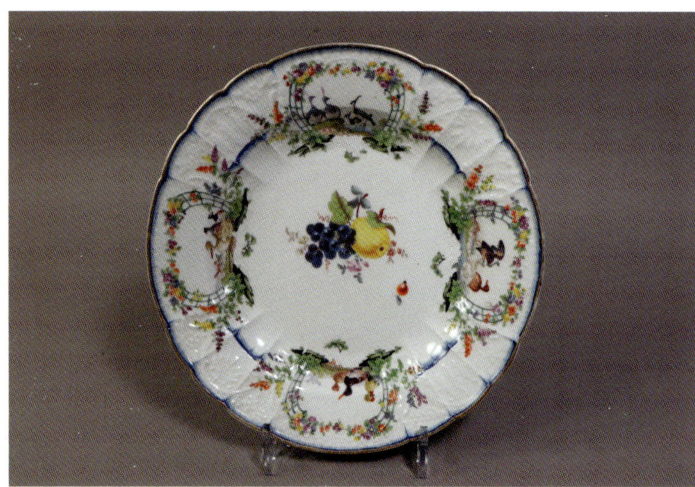

50
Teller „Neu-Dulong“ aus dem Service für Graf Karl Wilhelm Finck von Finckenstein
um 1762
Porzellanmanufaktur Meissen
Privatbesitz
Dm. 25 cm

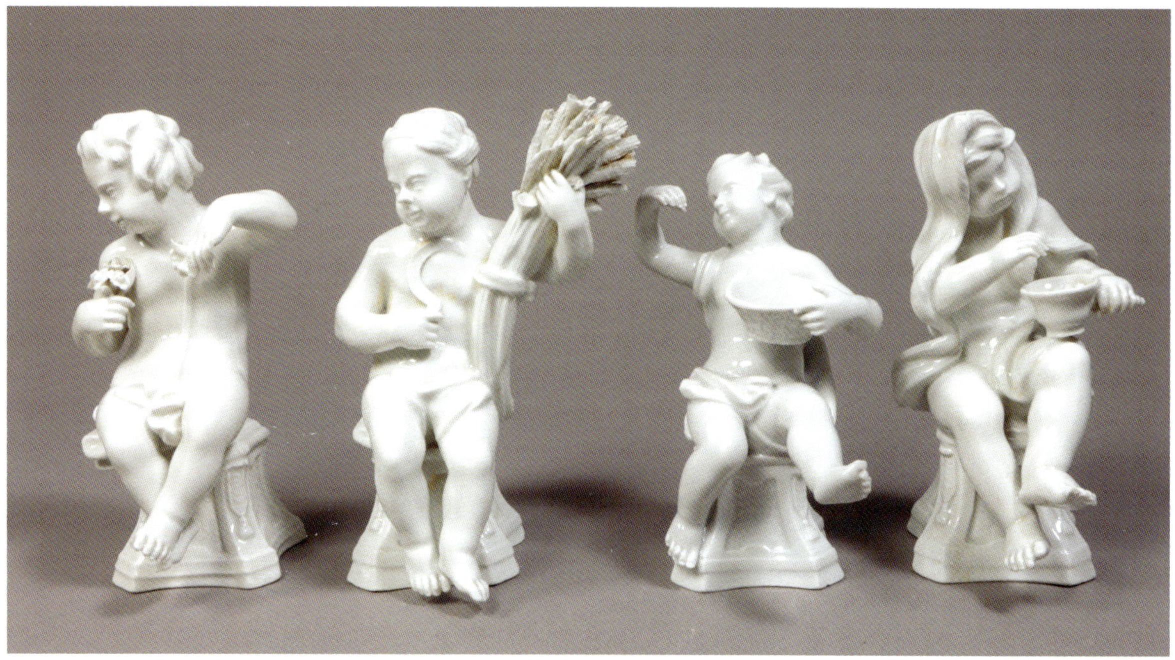

51
„Die Jahreszeiten auf Postament als sitzende Kinder“
Modelle: Johann Christof Rombrich (1731–1794), 1773 (Putto „Herbst“ Ausformung um 1910/20)
Porzellanmanufaktur Fürstenberg
Museum Schloss Fürstenberg
H. 11,8 - 13,4 cm

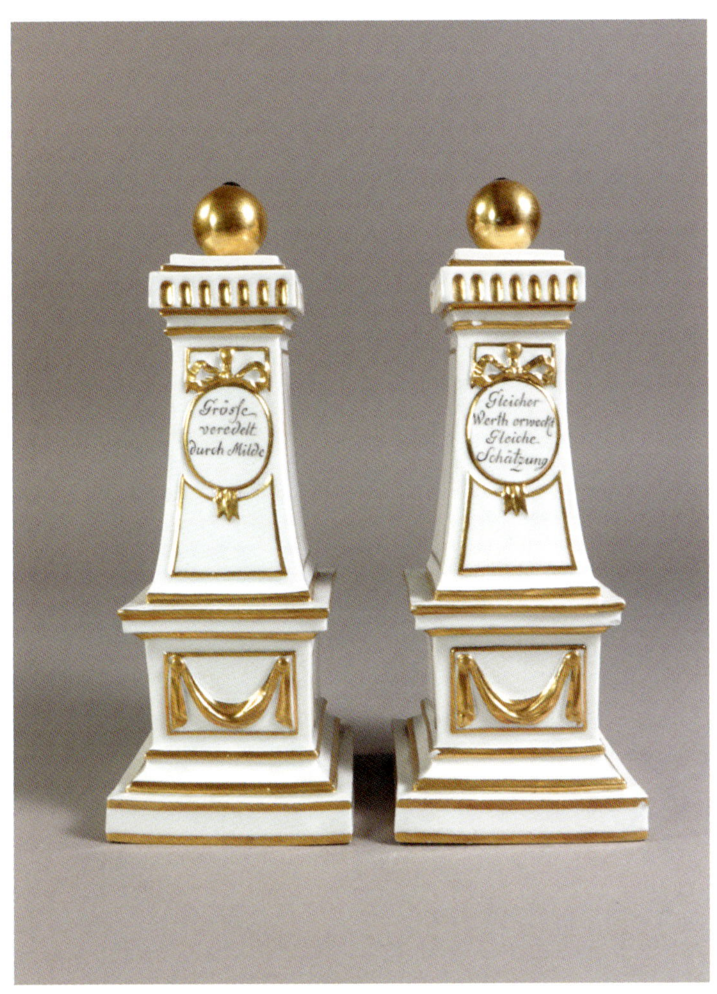

52
Zwei Obelisken
um 1780
Porzellanmanufaktur Fürstenberg
Museum Schloss Fürstenberg
H. 19 cm

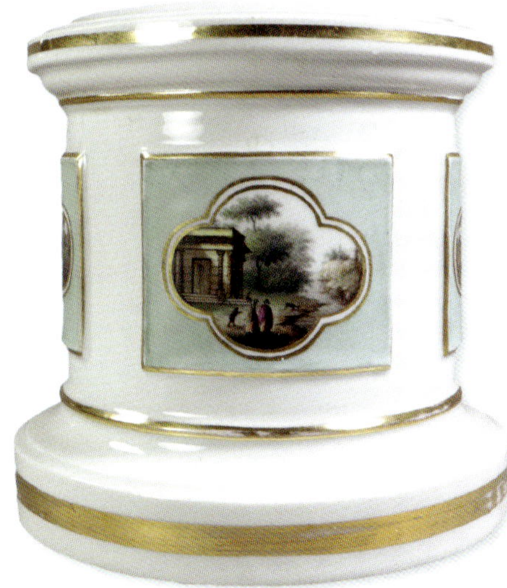

53
Sockel
um 1790
Porzellanmanufaktur Fürstenberg
Museum Schloss Fürstenberg
H. 13, 2 cm

Blumenmalerei

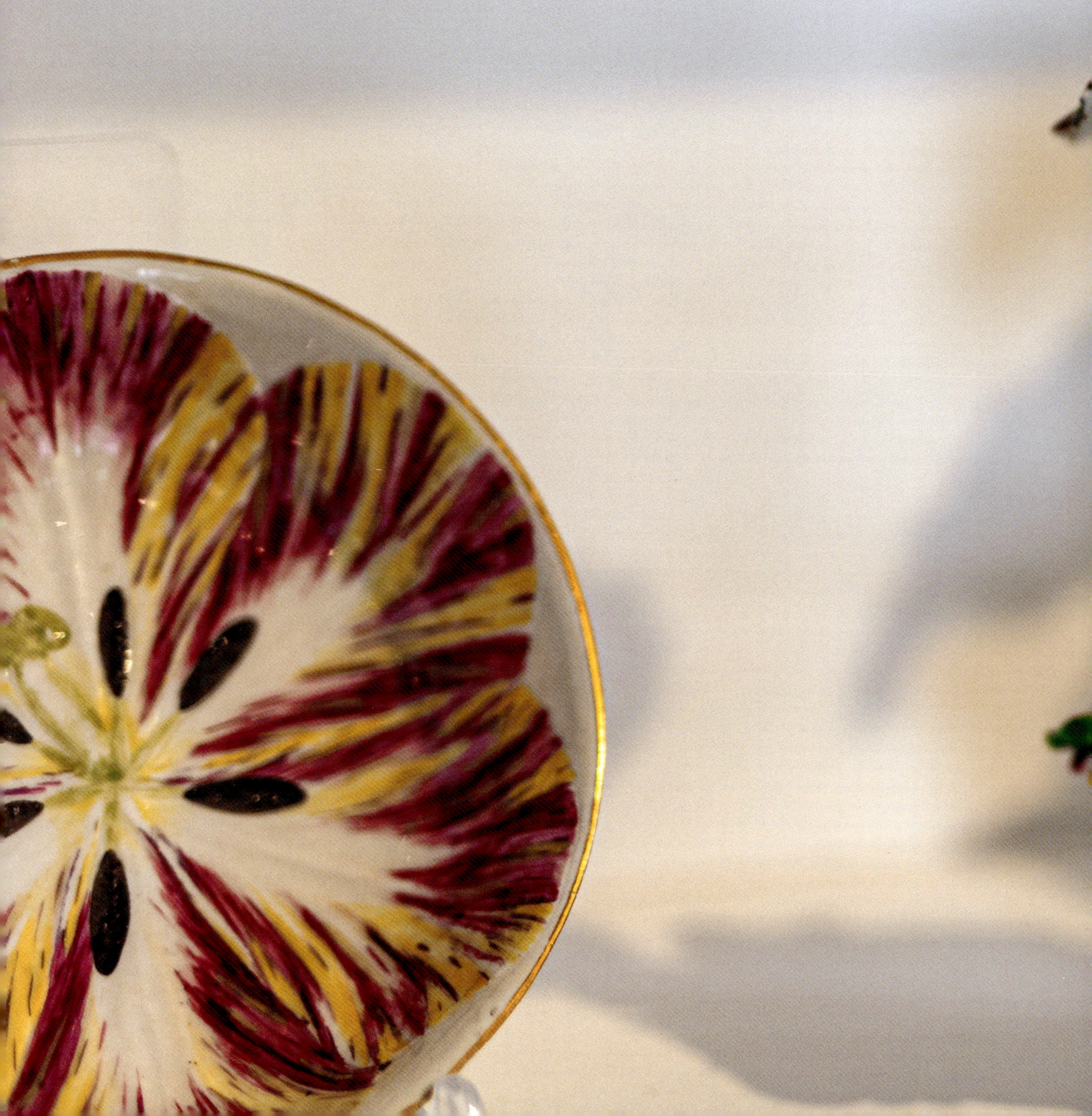

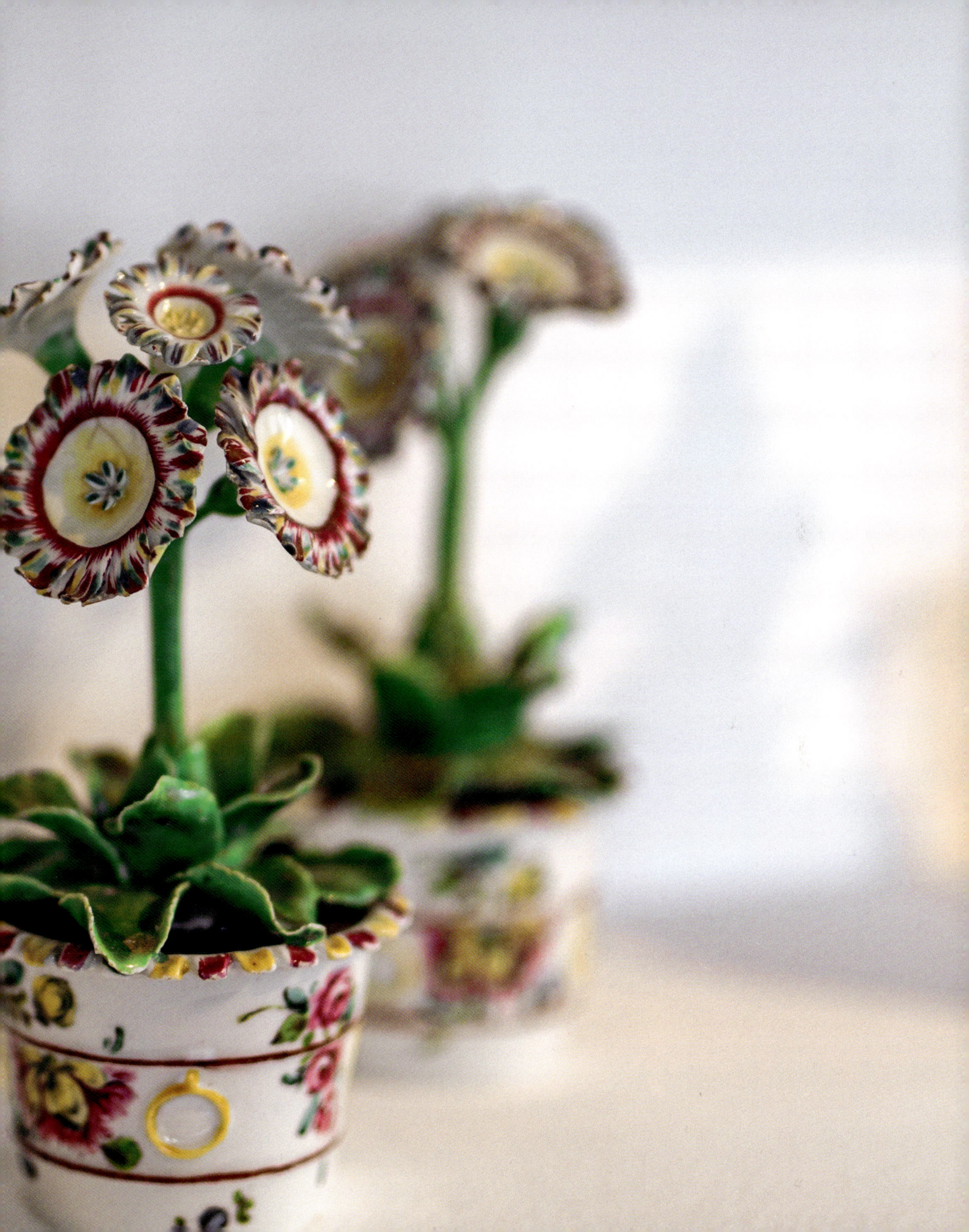

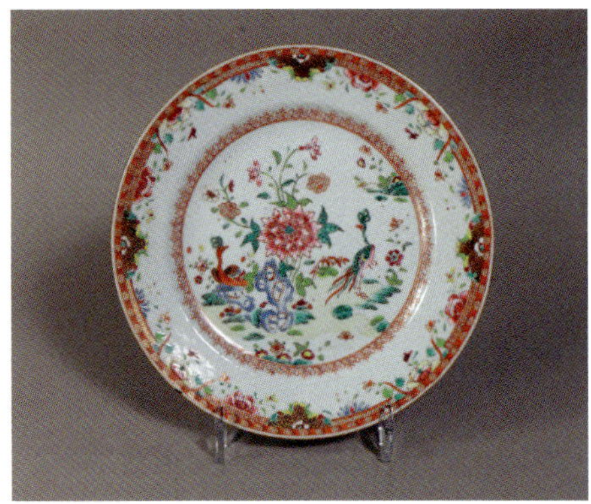

54
Teller im Stil der „famille rose“
um 1750
China
Privatbesitz
Dm. 23 cm

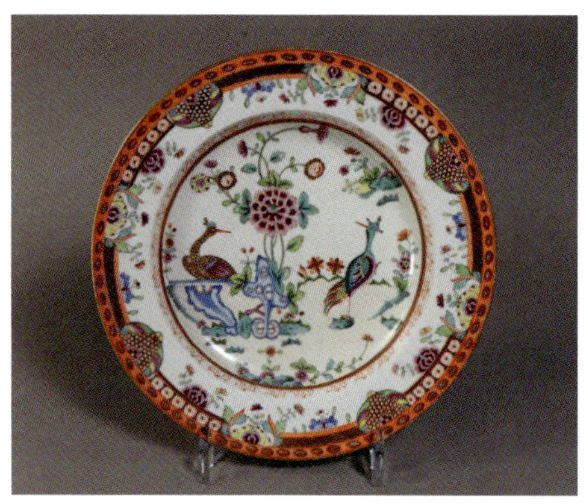

55
Teller mit Dekor nach chinesischem Vorbild
um 1760
Porzellanmanufaktur Ansbach
Privatbesitz
Dm. 23,3 cm

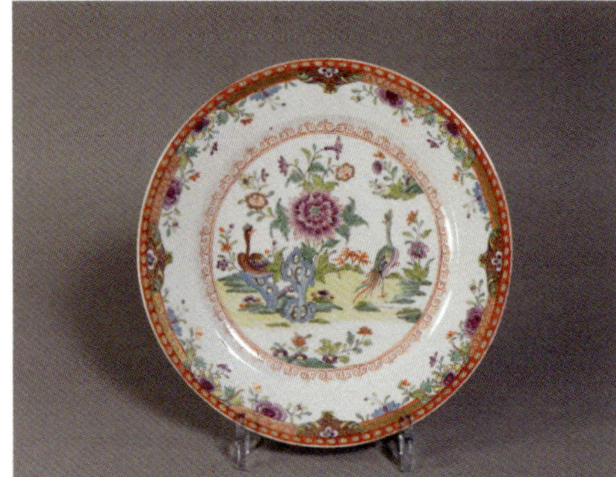

56
Teller mit Dekor nach chinesischem Vorbild
um 1775
Porzellanmanufaktur Ludwigsburg
Privatbesitz
Dm. 22,6 cm

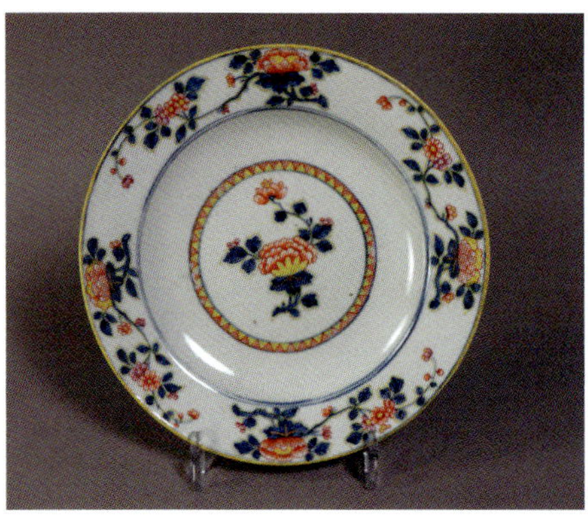

57
Teller
um 1730
Porzellanmanufaktur des Claudius Innocentius Du Paquier, Wien
Privatbesitz
Dm. 23,1 cm

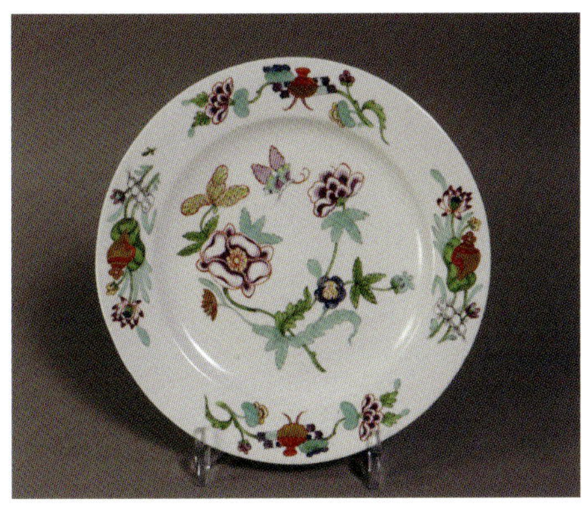

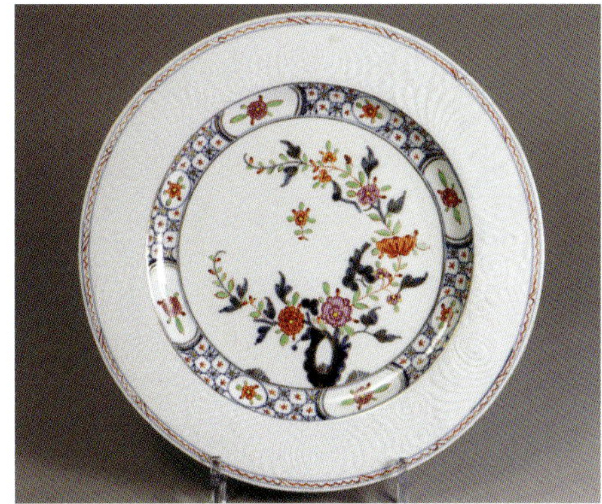

58
Teller
um 1740
Porzellanmanufaktur des Claudius Innocentius
Du Paquier, Wien
Privatbesitz
Dm. 25,4 cm

59
Teller
um 1750
Porzellanmanufaktur Wien
Privatbesitz
Dm. 22,5 cm

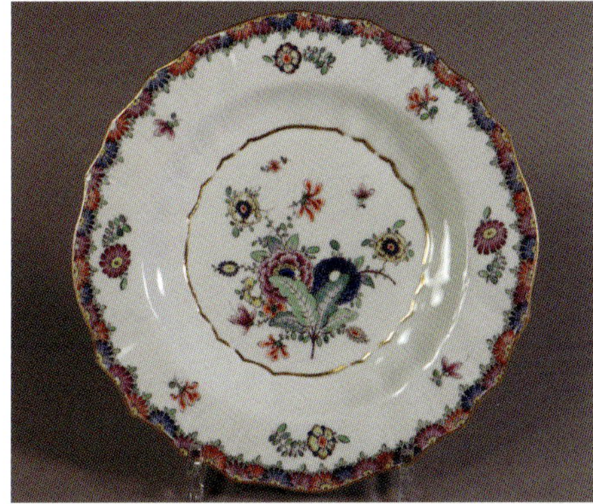

60
Teller
Malerei: wohl Johann Philipp Zisler (1731-1781), um 1755
Porzellanmanufaktur Fürstenberg
Sammlung Reichmann, Museum Schloss Fürstenberg
Dm. 22,4 cm

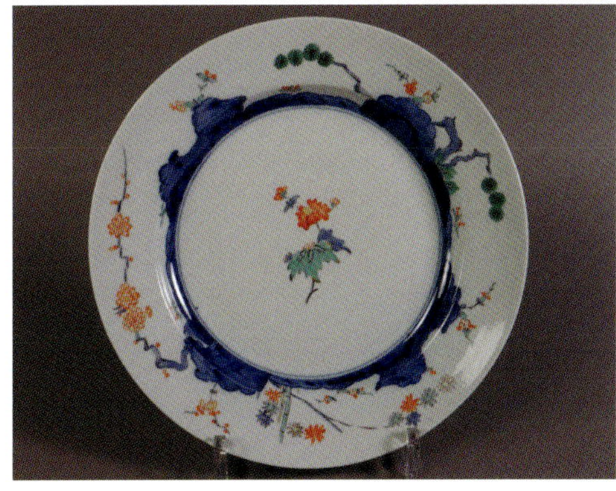

61
Teller mit Dekor nach japanischem Kakiemon-Vorbild
um 1770
Porzellanmanufaktur Fürstenberg
Sammlung Reichmann, Museum Schloss Fürstenberg
Dm. 23,2 cm

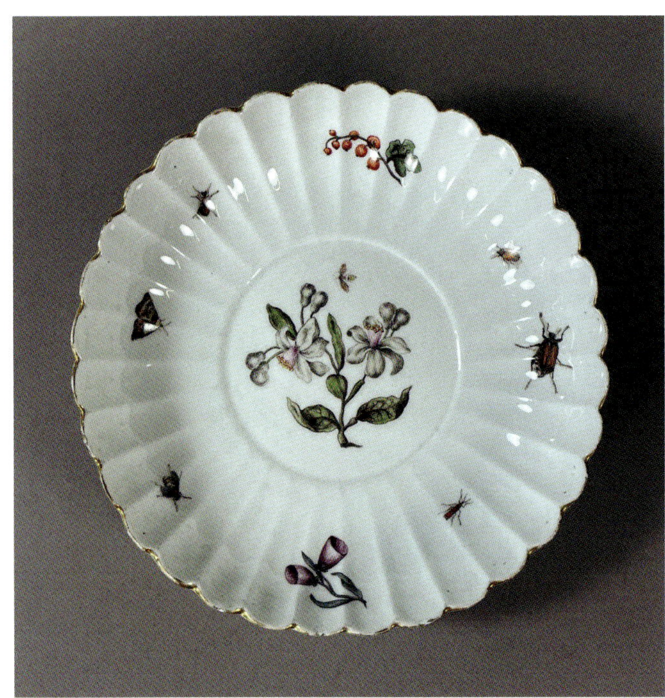

62
Fächerschale
um 1740
Porzellanmanufaktur Meissen
Museum August Kestner, Hannover
Dm. 20,5 cm

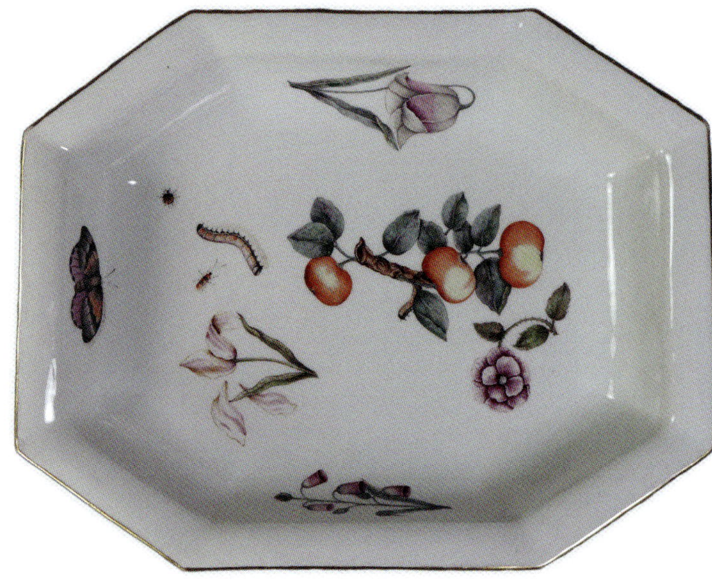

63
Oktogonale Schale
um 1740
Porzellanmanufaktur Meissen
Privatbesitz
6,2 x 33 x 25,4 cm

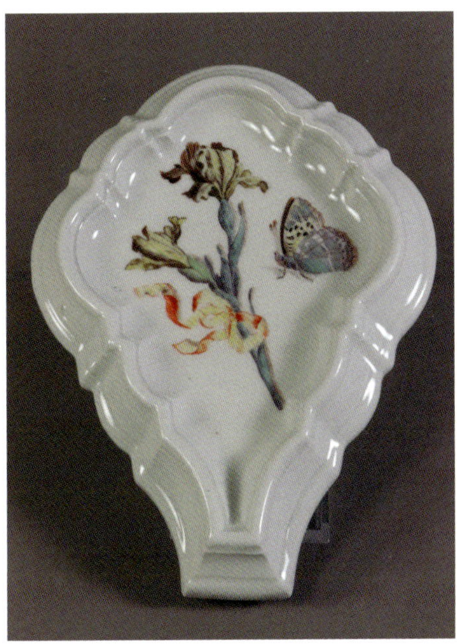

64
Element eines Tafelaufsatzes mit Irisblüte
um 1755
Porzellanmanufaktur Fürstenberg
Sammlung Reichmann, Museum Schloss Fürstenberg
4,6 x 20,7 x 15,6 cm

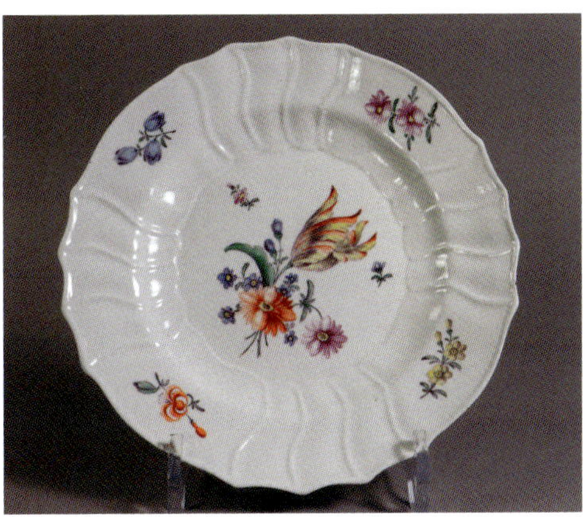

65
Teller in Tournai-Form
Malerei: vielleicht Georg Friedrich Geisler (1714-1782), um 1755
Porzellanmanufaktur Fürstenberg
Privatbesitz
Dm. 20,2 cm

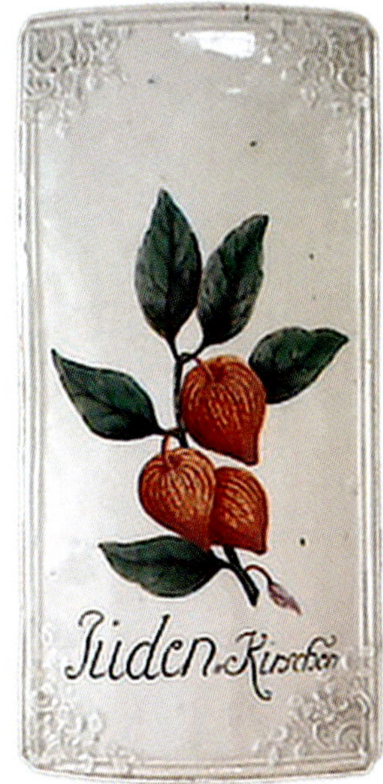

66
Bildfliese mit „Judenkirsche" (Lampionblume)
um 1755
Porzellanmanufaktur Fürstenberg
Herzog Anton Ulrich-Museum, Braunschweig
2,5 x 21,4 x 10,6 cm

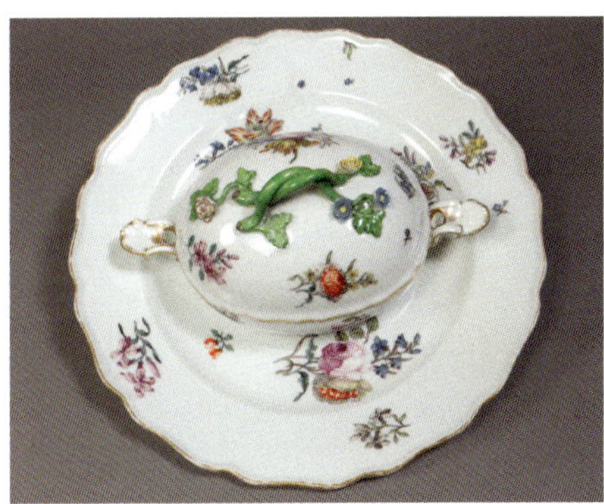

67
Butterdose auf Untersatz mit „Deutschen Blumen"
um 1740
Porzellanmanufaktur Meissen
Thomas Iwe
9,8 x 25,2 cm

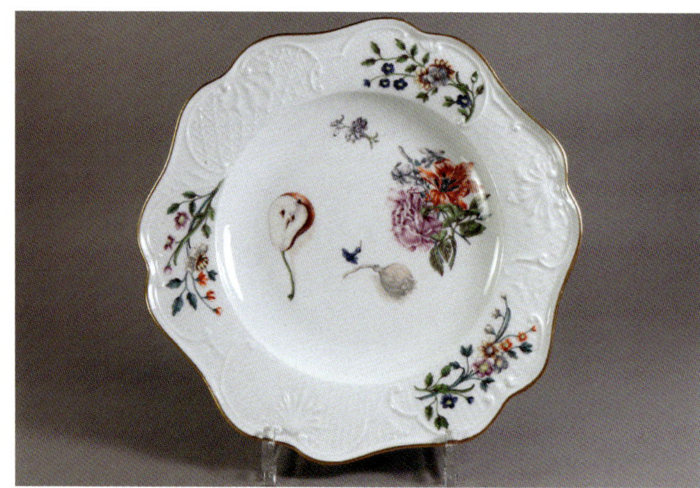

68
Teller „Brühlsches Allerlei“
Modell: Johann Friedrich Eberlein (1695-1749), 1743-47
Porzellanmanufaktur Meissen
Privatbesitz
Dm. 26,5 cm

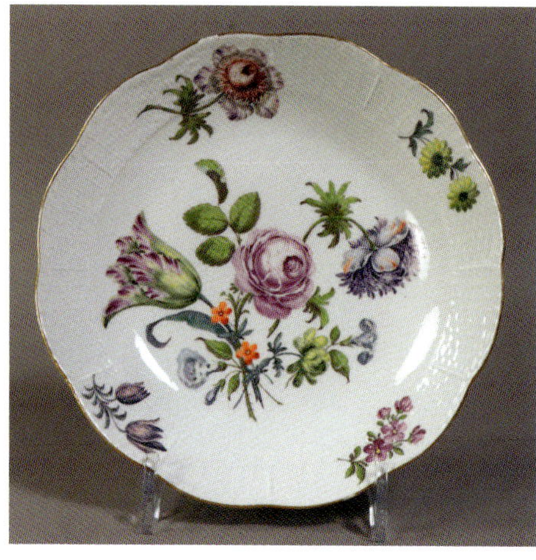

69
Schale mit Flechtrelief
um 1750
Porzellanmanufaktur Meissen
Privatbesitz
Dm. 22,2 cm

70
Compotière (Fruchtschale)
um 1755
Porzellanmanufaktur Meissen
Thomas Iwe
Dm. 22,1 cm

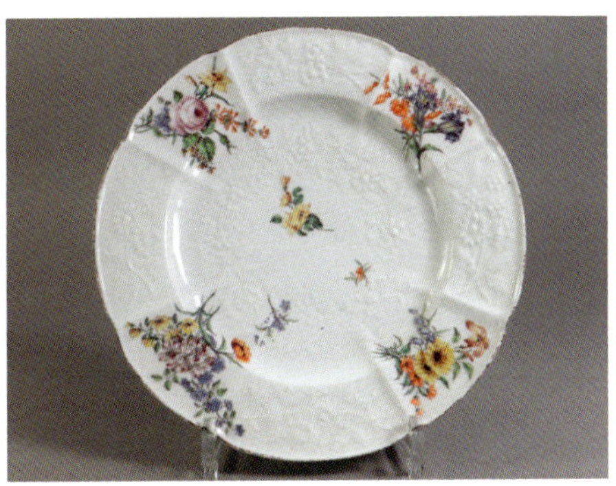

71
Teller mit reliefierten Blumengirlanden nach Meissener Vorbild
um 1760
Porzellanmanufaktur Chelsea
Privatbesitz
Dm. 23 cm

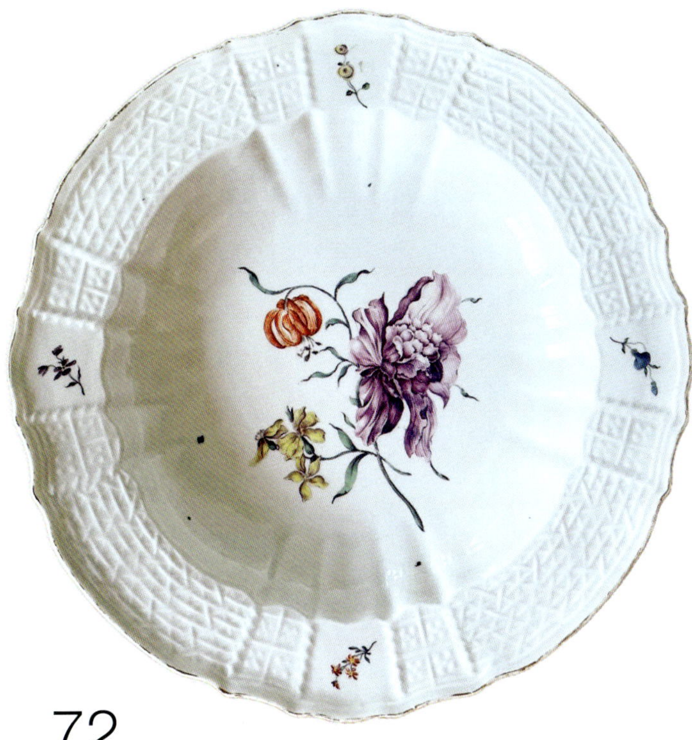

72
Teller mit Altbrandenstein-Relief nach Meissener Vorbild
um 1760
Porzellanmanufaktur Höchst
Privatbesitz
Dm 24,7 cm

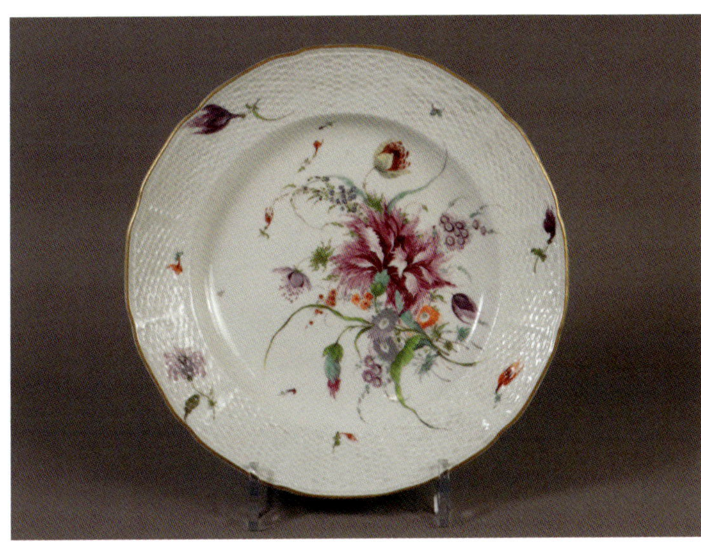

73
Teller mit Flechtrelief
Malerei: Andreas Handschuh (gest. um 1778/79), um 1755/60
Porzellanmanufaktur Frankenthal
Museum August Kestner, Hannover
Dm. 24 cm

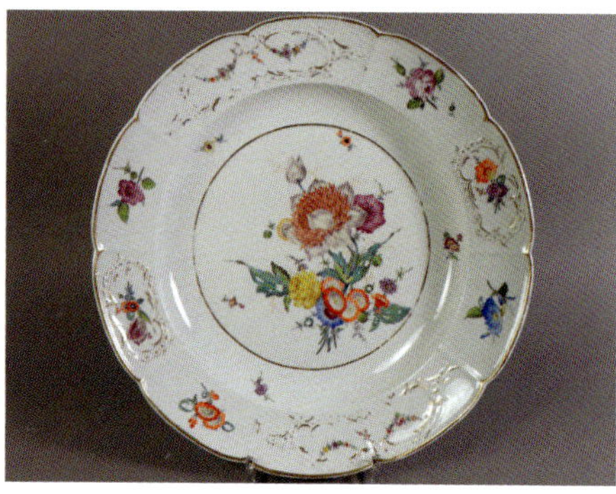

74
Runde Platte mit „graviertem Muster"
Modell: wohl Johann Christof Rombrich (1731-1794), um 1758
Malerei: Christian Gotthelf Beuchel (1734-nach 1802), um 1760
Porzellanmanufaktur Fürstenberg
Sammlung Reichmann, Museum Schloss Fürstenberg
Dm. 35,8 cm

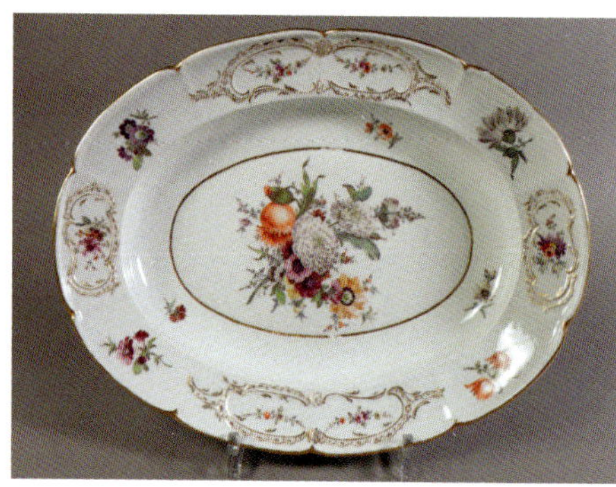

75
Ovale Platte mit „graviertem Muster"
Modell: wohl Johann Christof Rombrich (1731-1794), um 1758
Malerei: Christian Gotthelf Beuchel (1734-nach 1802), um 1760
Porzellanmanufaktur Fürstenberg
Sammlung Reichmann, Museum Schloss Fürstenberg
34,2 x 26 cm

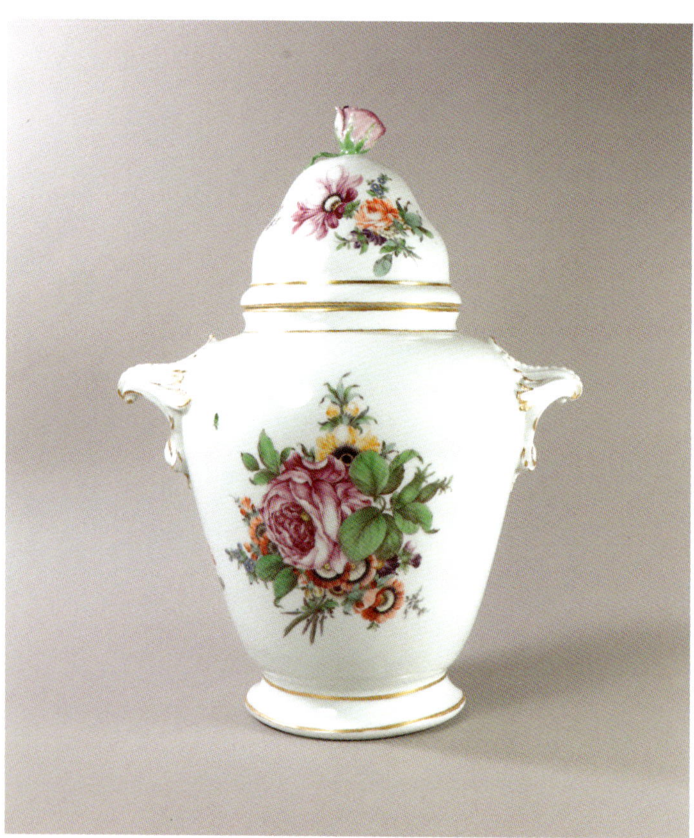

76
Potpourrivase
Malerei: wohl Christian Gotthelf Beuchel (1734-nach 1802), um 1765
Porzellanmanufaktur Fürstenberg
Privatbesitz
H. 36 cm

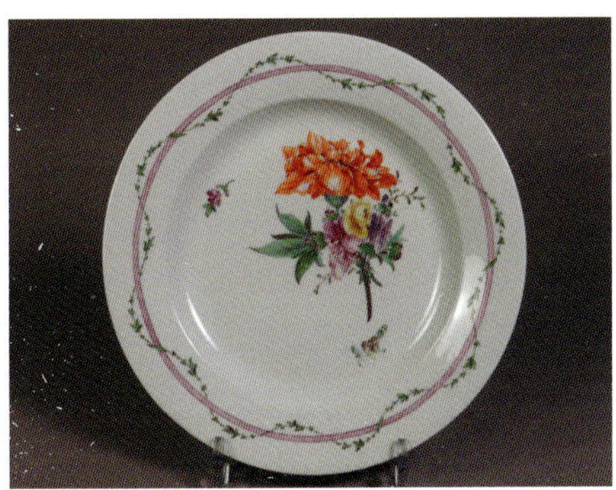

77
Teller
um 1775/80
Porzellanmanufaktur Fürstenberg
Privatsammlung Rheinland
Dm. 23,5 cm

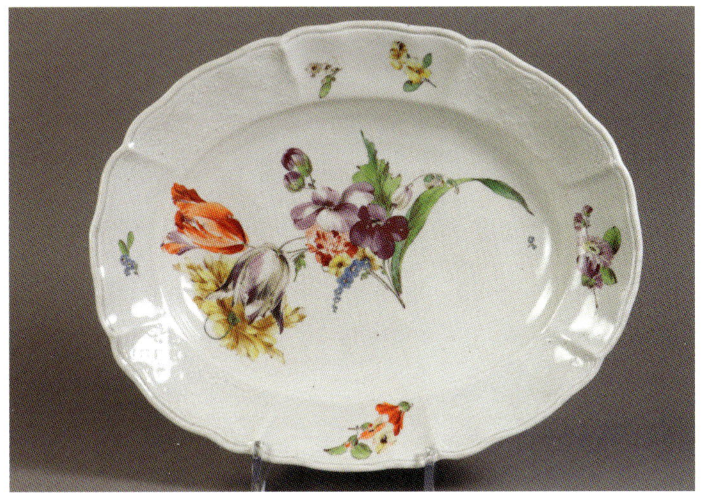

78
Schale
um 1765
Porzellanmanufaktur Closter Veilsdorf
Museum Schloss Fürstenberg
6 x 32 x 25,2 cm

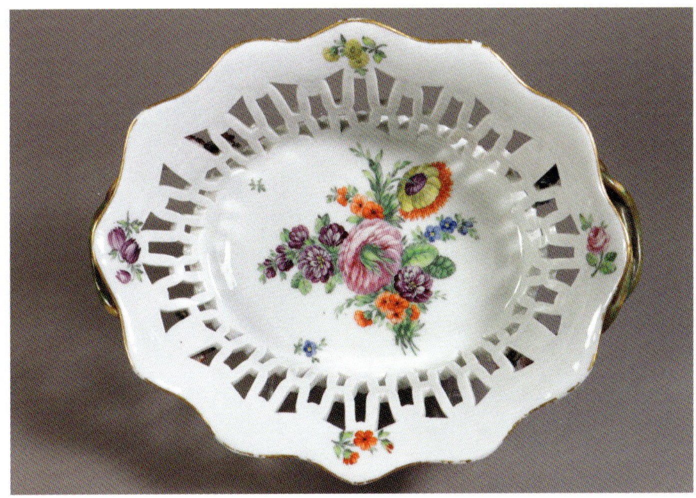

79
Korb
um 1780
Porzellanmanufaktur Kopenhagen
Museum August Kestner, Hannover
10 x 24,5 x 19 cm

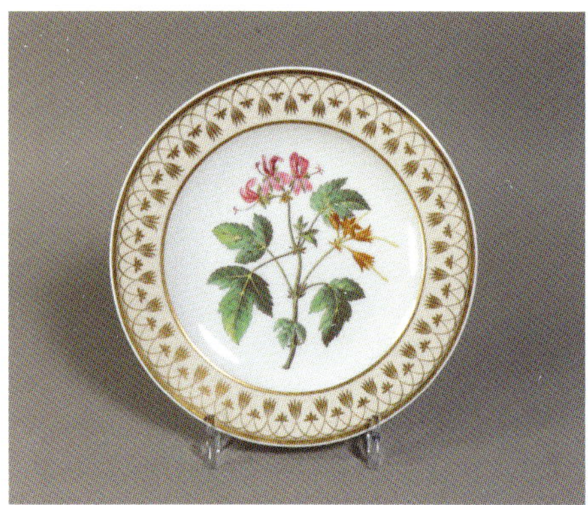

80
Teller mit Storchenschnabel aus einem Service für Kaiserin Joséphine, rückseitig beschriftet „Geranium terebinthinaceum"
1806/07
Porzellanmanufaktur Berlin
Privatbesitz
Dm. 22,7 cm

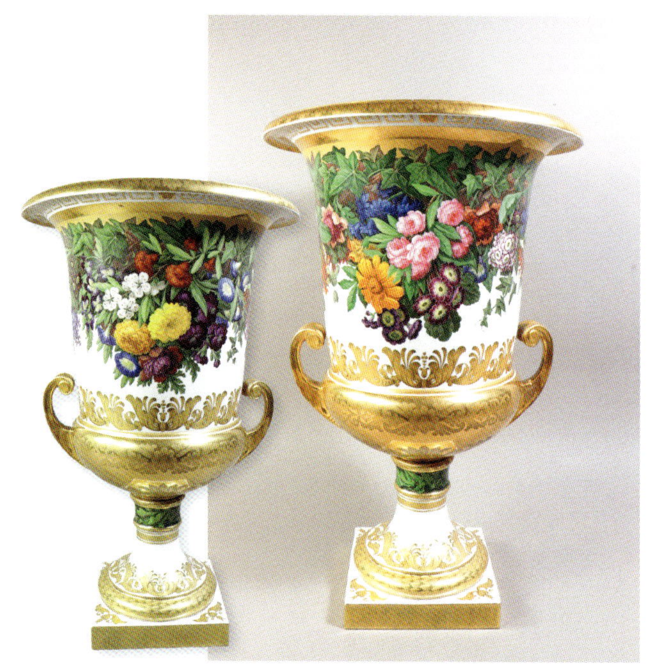

81
Kratervase mit Blumenfries
1816
Porzellanmanufaktur Berlin
Privatbesitz
H. 52 cm

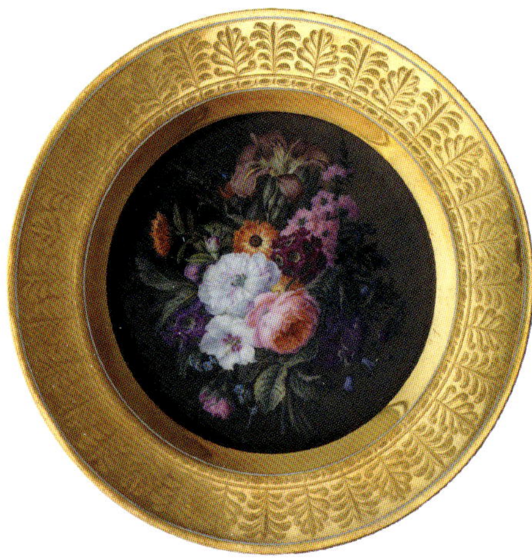

82
Teller aus dem Service „Marli d'or"
um 1812
Porzellanmanufaktur Sèvres
Herzog Anton Ulrich-Museum, Braunschweig
Dm. 23,4 cm

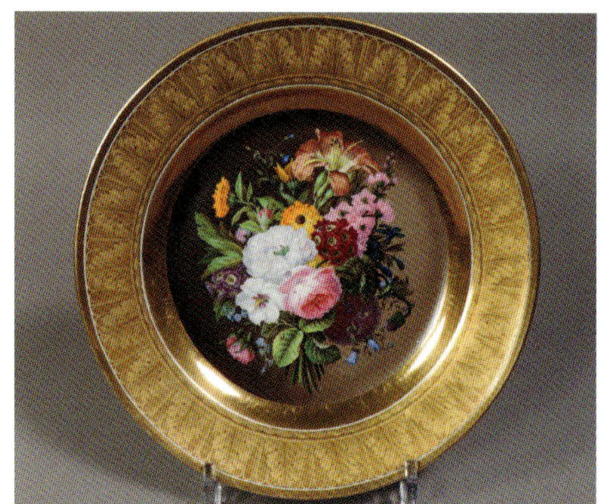

83
Teller nach dem nebenstehendem Vorbild kopiert
Malerei: Christel Eli (1801-1881), 1825
Porzellanmanufaktur Fürstenberg
Privatsammlung Rheinland
Dm. 23,7 cm

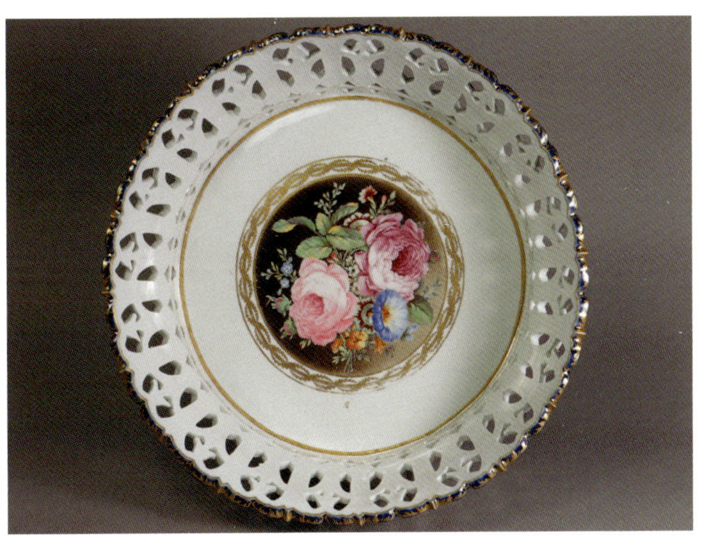

84
Korb mit Rosenbouquet in einem Medaillon
um 1810
Porzellanmanufaktur Fürstenberg
Museum Schloss Fürstenberg
8,7 x 29,4 cm

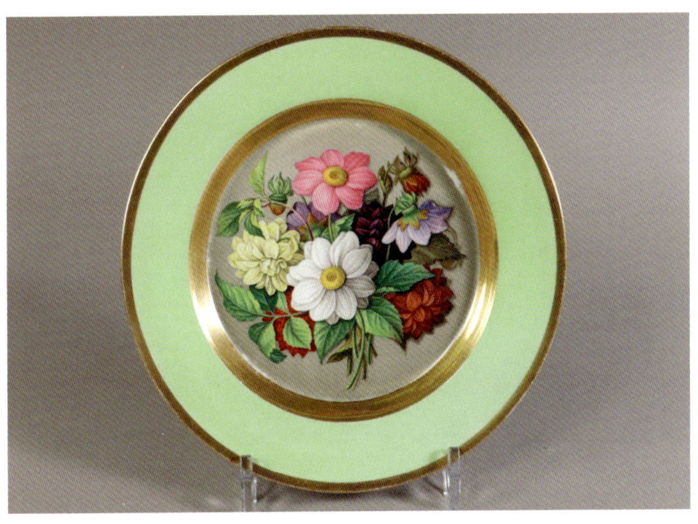

85
Teller mit Dahlien
um 1815
Porzellanmanufaktur Fürstenberg
Sammlung Reichmann, Museum Schloss Fürstenberg
Dm. 22 cm

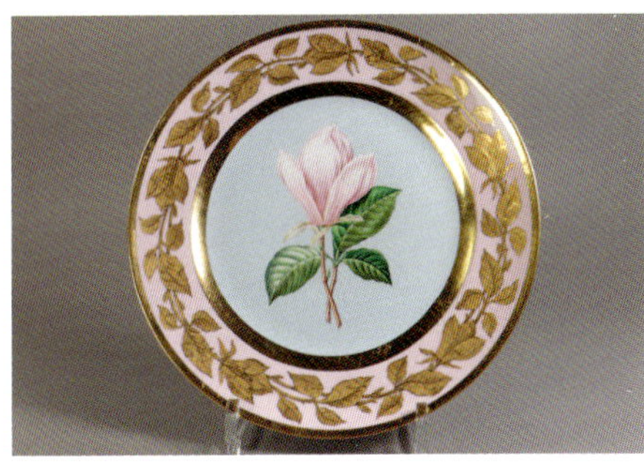

86
Teller mit Magnolienzweig, rückseitig beschriftet „Magnolia soulangiana“
1828
Porzellanmanufaktur Sèvres
Privatbesitz
Dm. 24 cm

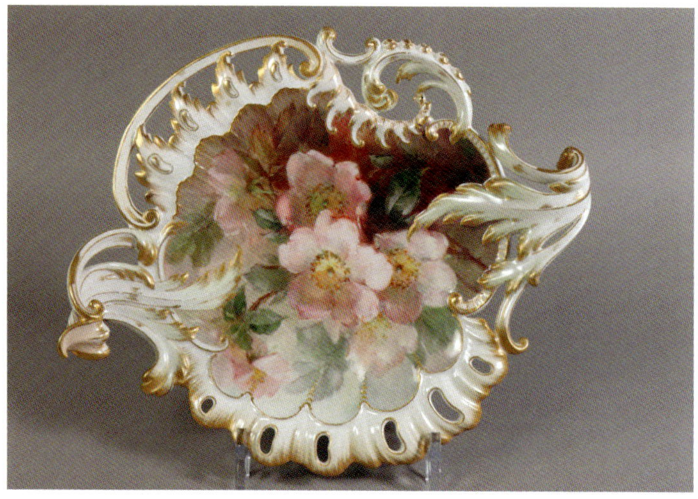

87
Kredenzschale mit Heckenrosen in Weichmalerei
Modell: 1882
Dekor: um 1890
Porzellanmanufaktur Berlin
Dr. Christof Groß
7,3 x 29 x 24 cm

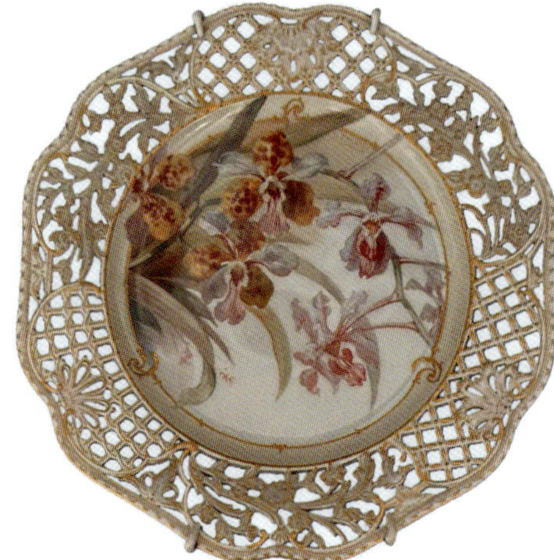

88
„Pompadourteller" mit Orchideen in Weichmalerei
Modell: 1898
Dekor: Ernst Heinecke (1859-?), um 1900
Porzellanmanufaktur Berlin
Dr. Christof Groß
Dm. 24 cm

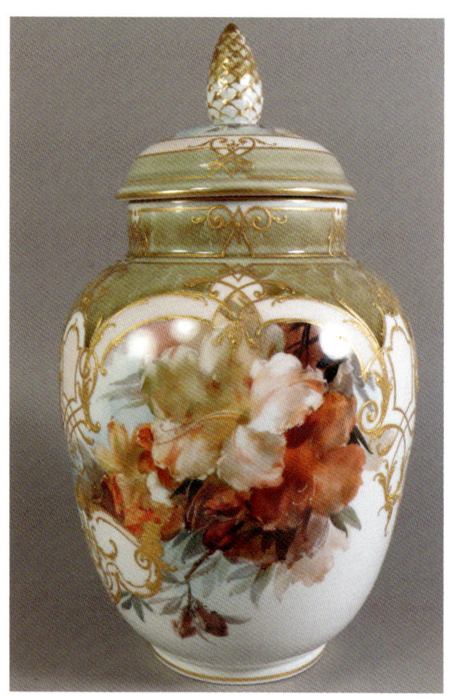

89
Apothekerbüchse mit Zapfenknauf mit Rhododendron- und Anemonenblüten in Weichmalerei
Modell: Friedrich Elias Meyer (um 1723-1785), 1775
Dekor um 1900
Porzellanmanufaktur Berlin
Dr. Christof Groß
H. 34 cm

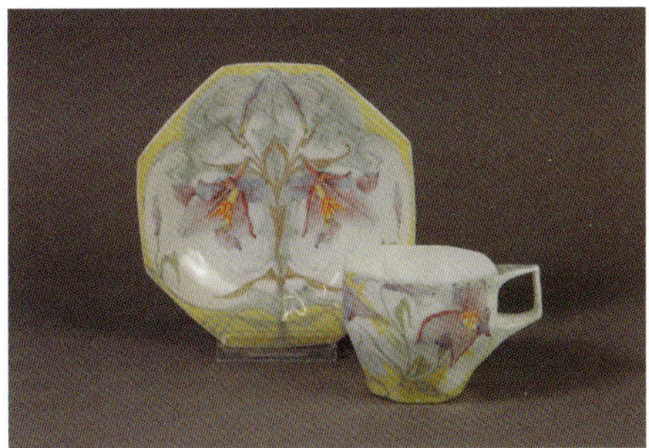

90
Tasse und Untertasse mit Lilien
Malerei: Samuel Schellink (1876-1958), um 1900/05
Porzellanmanufaktur Rozenburg, Den Haag
Dr. Christof Groß
Tasse: H. 6 cm
Untertasse: Dm. 14,7 cm

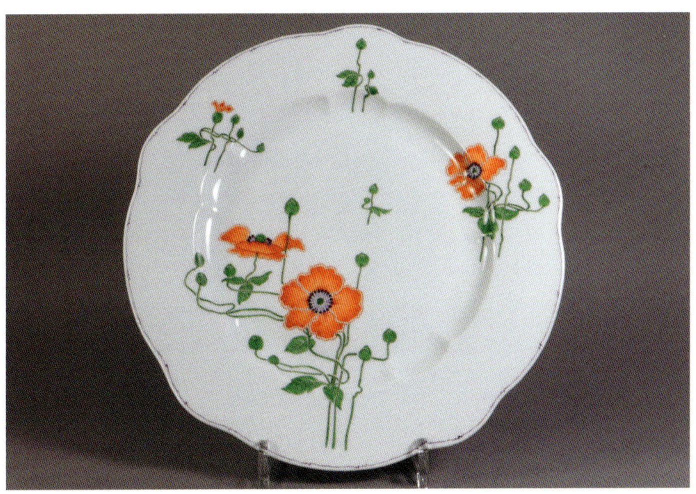

91
Runde Platte „Modern“ mit Dekor 1302 (Mohnblüten)
Modell: Max Rossbach (1871-1848), 1900/01
Dekor: Wenzel Hasler, 1899
Porzellanmanufaktur Nymphenburg
Privatbesitz
Dm. 32 cm

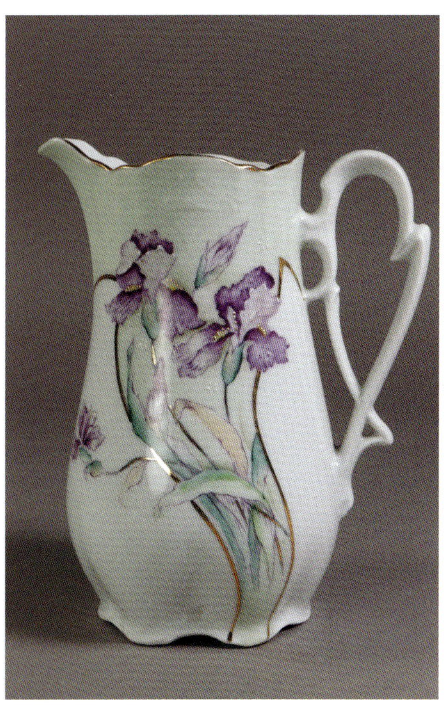

92
Milchgießer „Hertha“ mit Schwertlilien
um 1906
Porzellanmanufaktur Fürstenberg
Museum Schloss Fürstenberg
H. 15,3 cm

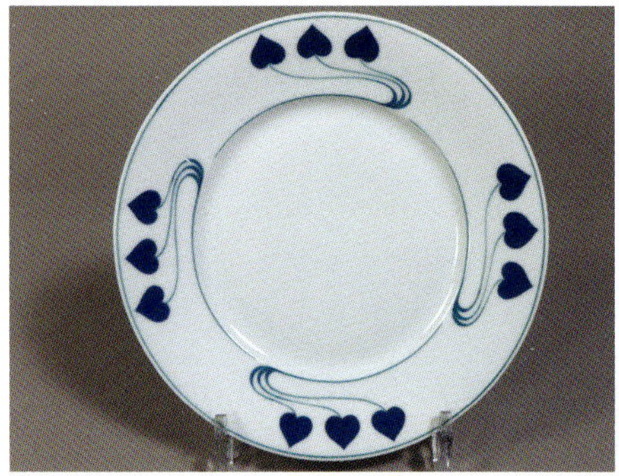

93
Teller „Botticelli“ mit „Stehenden Herzen“
Modell und Dekor: Hans Günther Reinstein (1880-1945), 1903
Porzellanfabrik Rosenthal, Selb
Museum August Kestner, Hannover
Dm. 19,3 cm

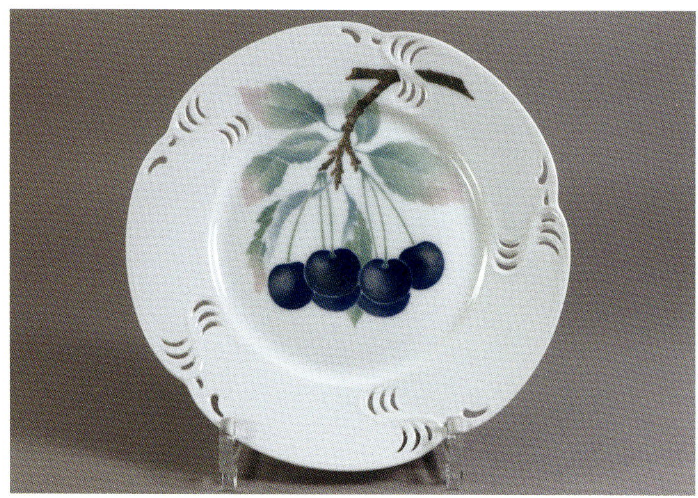

94
Durchbruchteller mit blauen Kirschen
um 1910
Porzellanfabrik Rosenthal, Selb
Privatbesitz
Dm. 21,3 cm

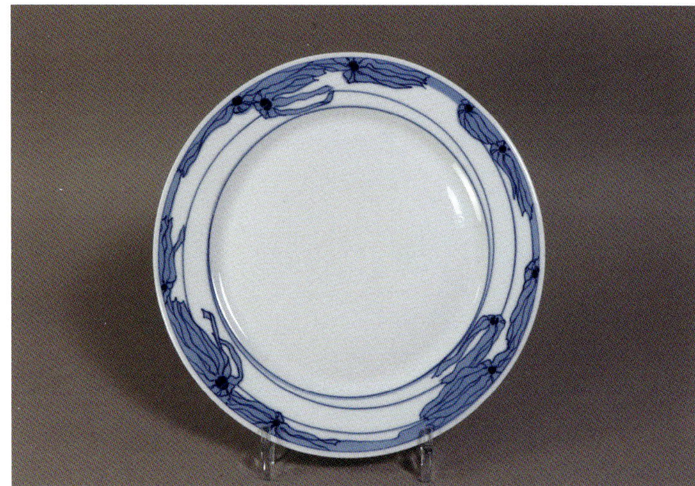

95
Teller „T-glatt“ mit „Arnikamuster“
Modell und Dekor: Rudolf Hentschel (1869-1951), 1901 bzw. 1907
Porzellanmanfuaktur Meissen
Privatbesitz
Dm. 25,5 cm

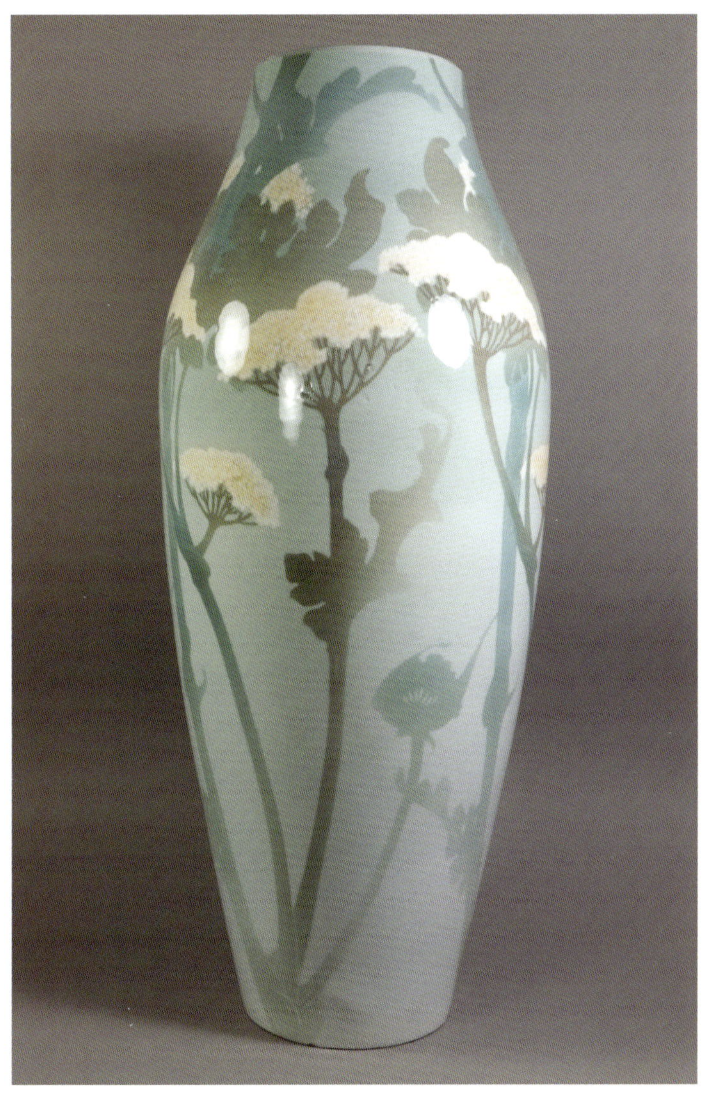

96
Vase mit Bärenklaudolden
Model und Dekor: François Levallois (1882-1965), um 1903
Porzellanmanufaktur Nymphenburg
B. Michael Andressen
H. 71 cm

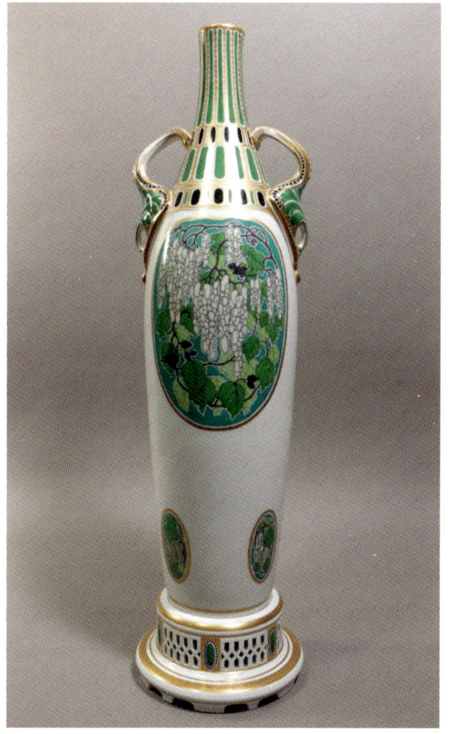

97
Blumenflasche auf Sockel mit blühenden Birkenzweigen
Modell: Theo Schmuz-Baudiss (1859-1942) und Max Schröder (1871-1935), 1906/09
Dekor: Willy Stanke (Lebensdaten unbekannt), um 1910
Porzellanmanufaktur Berlin
Dr. Christof Groß
H. 56 cm

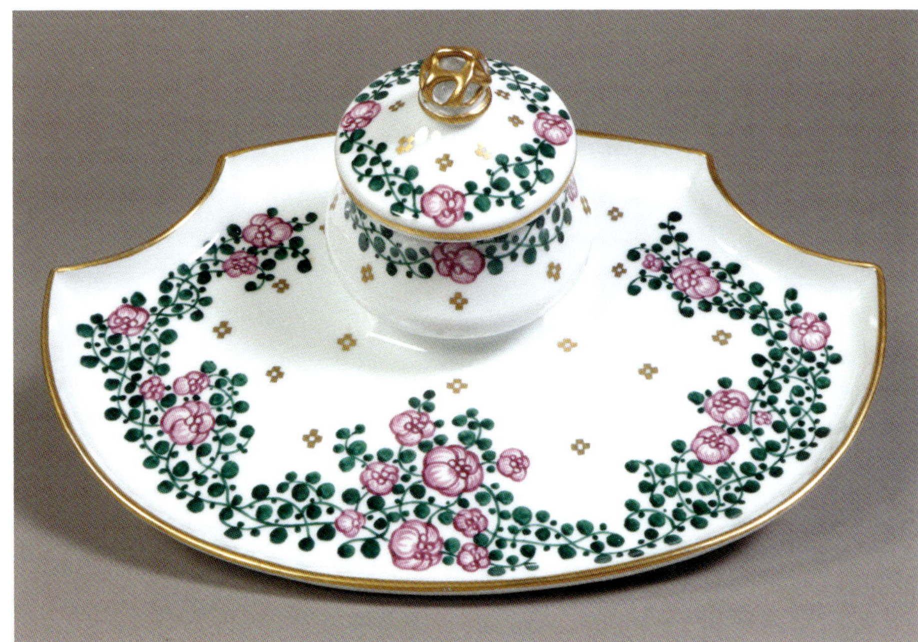

98
Schreibzeug
Modell: Adelbert Niemeyer (1867-1932), 1905
Porzellanmanufaktur Nymphenberg
Privatbesitz
8,5 x 22,5 x 15 cm

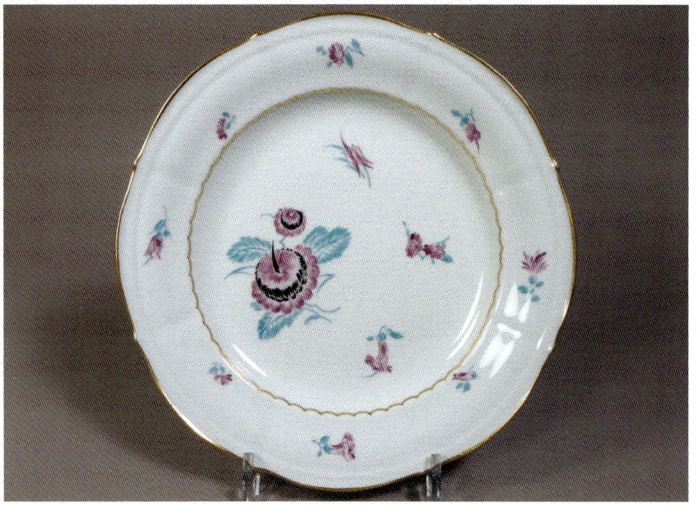

99
Teller Form „Köln“
Modell und Dekor: Emil Paul Börner (1888-1970), 1914
Porzellanmanufaktur Meissen
Privatbesitz
Dm. 25,6 cm

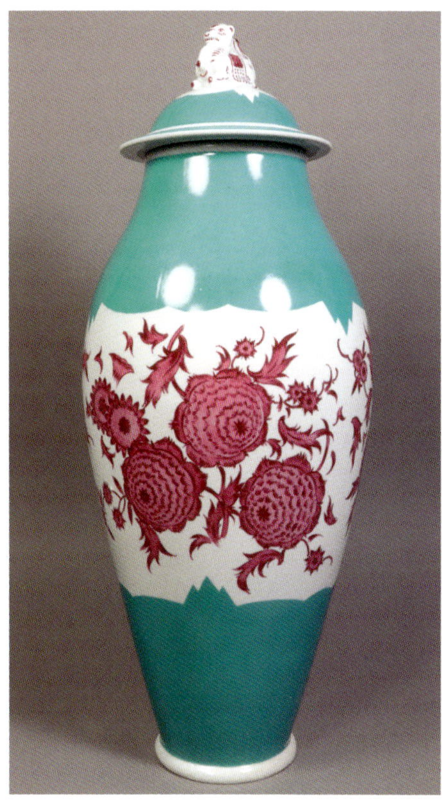

100
Deckelvase
Modell: Hugo Meisel (1887-1966), 1922
Porzellanmanufaktur Volkstedt
Privatbesitz
H. 53 cm

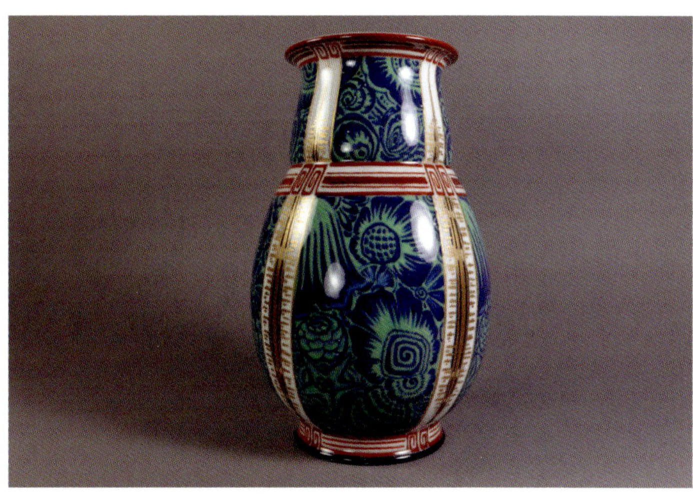

101
Vase mit stilisierten Blüten
Dekor: Maurice Herbillon, 1924
Porzellanmanufaktur Sèvres
Privatbesitz
H. 27,5 cm

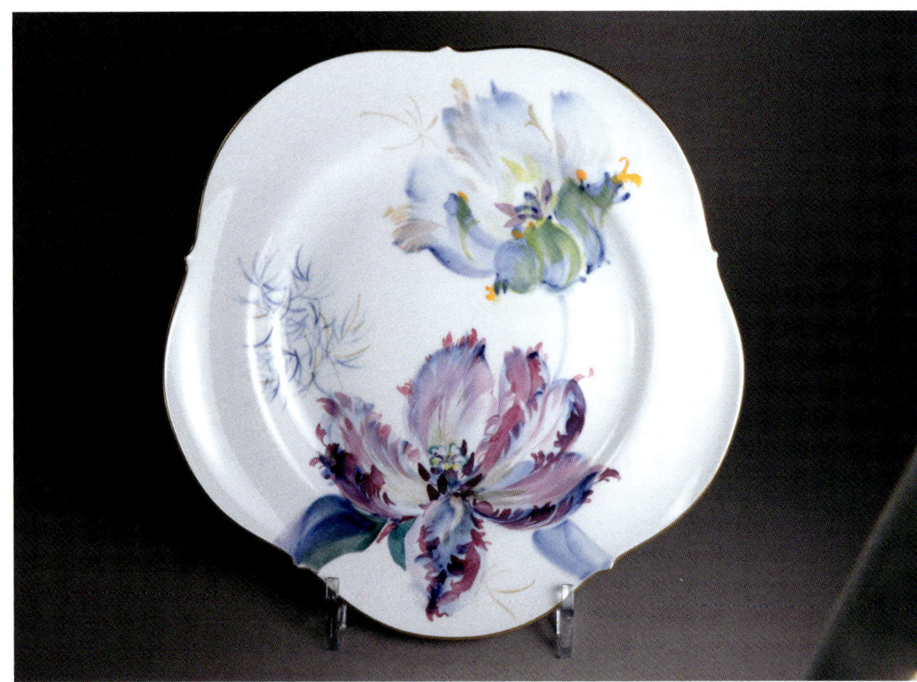

102
Teller „Großer Ausschnitt“ mit „Blau-bunter Blumenmalerei“
Modell: Ludwig Zepner (1931-2010), 1973
Dekor: Heinz Werner (1928-2019) und Volkmar Bretschneider (*1930), 1974
Porzellanmanfuaktur Meissen
Meissen Porzellan-Stiftung
Dm. 25 cm

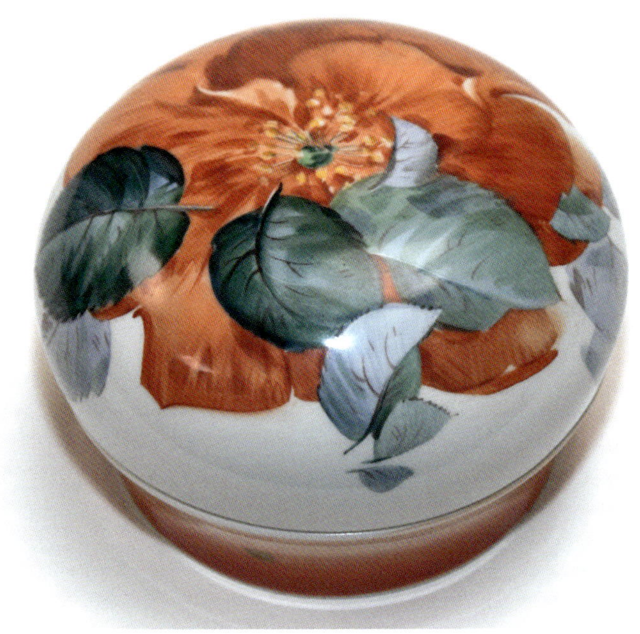

103
Dose
Malerei: Volkmar Bretschneider (*1930),
Porzellanmanfuaktur Meissen
Museum August Kestner, Hannover
9 x 13,5 cm

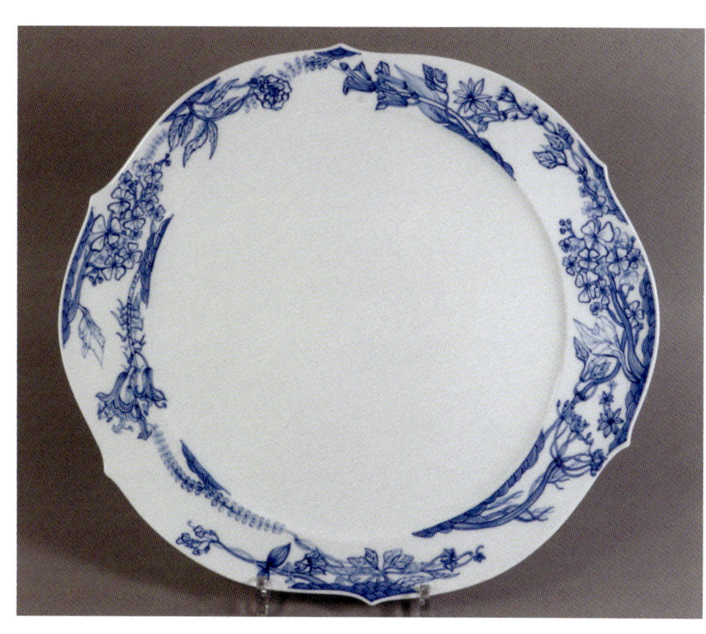

104
Platte „Wellenspiel“ mit „Blaue Hortensie“
Modell: Sabine Wachs (*1960), 1996
Dekor: Gudrun Gaube (*1961), 1997
Porzellanmanufaktur Meissen
Privatbesitz
38,5 x 34,7 cm

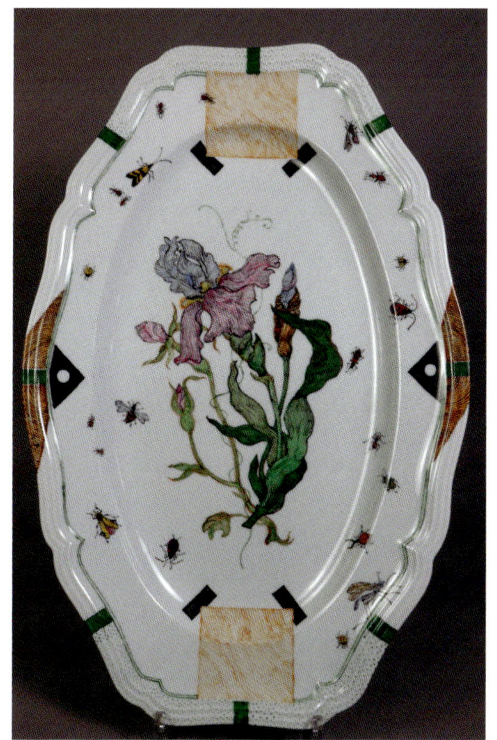

105
Platte mit Iris und Insekten
Sonngard Marcks (*1959), 2013
Privatbesitz
45,5 x 30,3 cm

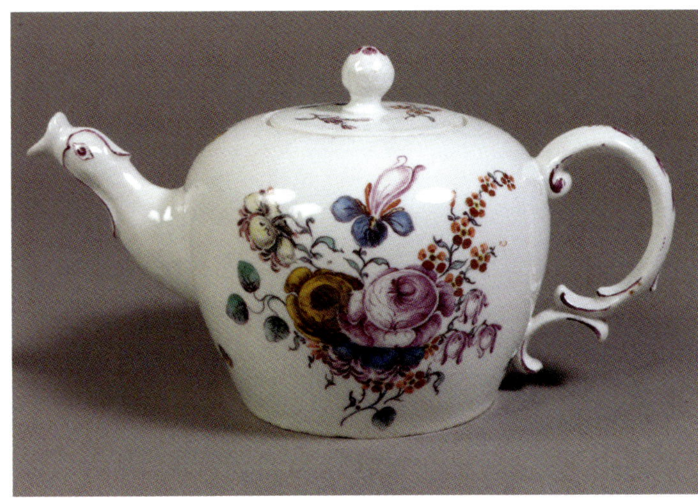

106
Teekanne mit Tierkopfausguss
Malerei: Johann Philipp Zisler (1731-1781), um 1755
Porzellanmanufaktur Fürstenberg
Privatbesitz
9,2 x 17,2 x 9,7 cm

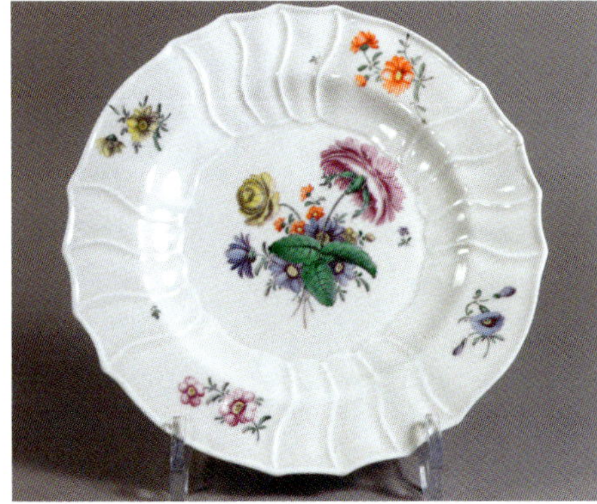

107
Teller in Tournai-Form
Malerei: wohl Georg Friedrich Geisler (1714-1782), um 1755
Porzellanmanufaktur Fürstenberg
Privatbesitz
Dm. 20,2 cm

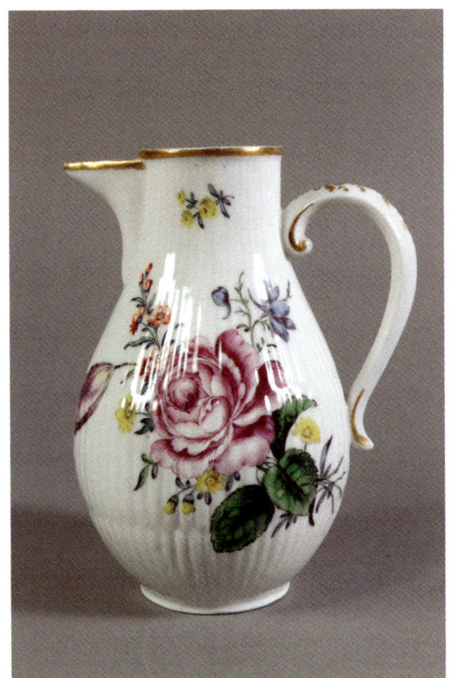

108
Milchkanne mit Stabrelief
Malerei: Georg Friedrich Geisler (1714-1782), um 1755
Porzellanmanufaktur Fürstenberg
Sammlung Reichmann, Museum Schloss Fürstenberg
H. 13,7 cm

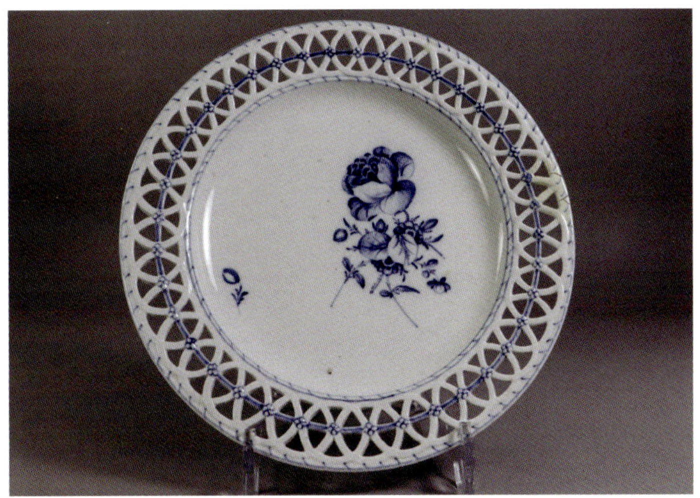

109
Dessertteller
um 1760
Fürstenberg
Museum Schloss Fürstenberg
Dm. 24 cm

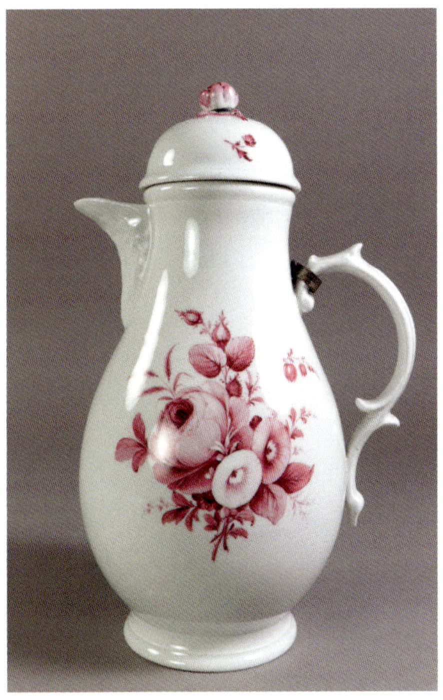

110
Kaffeekanne
um 1765-70
Porzellanmanufaktur Fürstenberg
Museum Schloss Fürstenberg
H. 24,2 cm

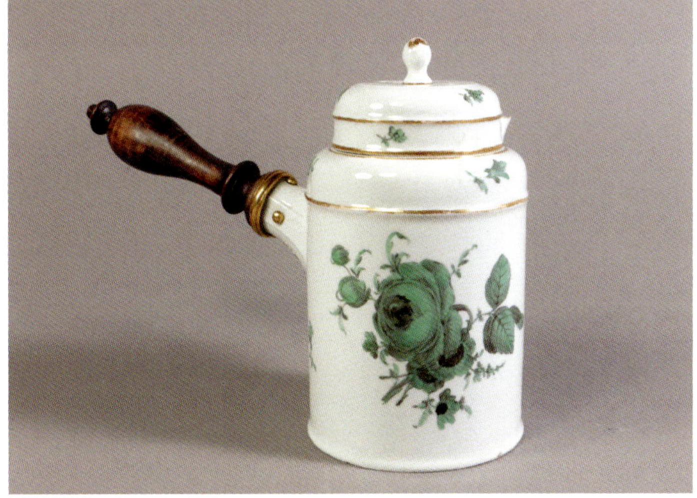

111
Schokoladenkanne
um 1760-65
Porzellanmanufaktur Fürstenberg
Sammlung Reichmann, Museum Schloss Fürstenberg
H. 12,6 cm

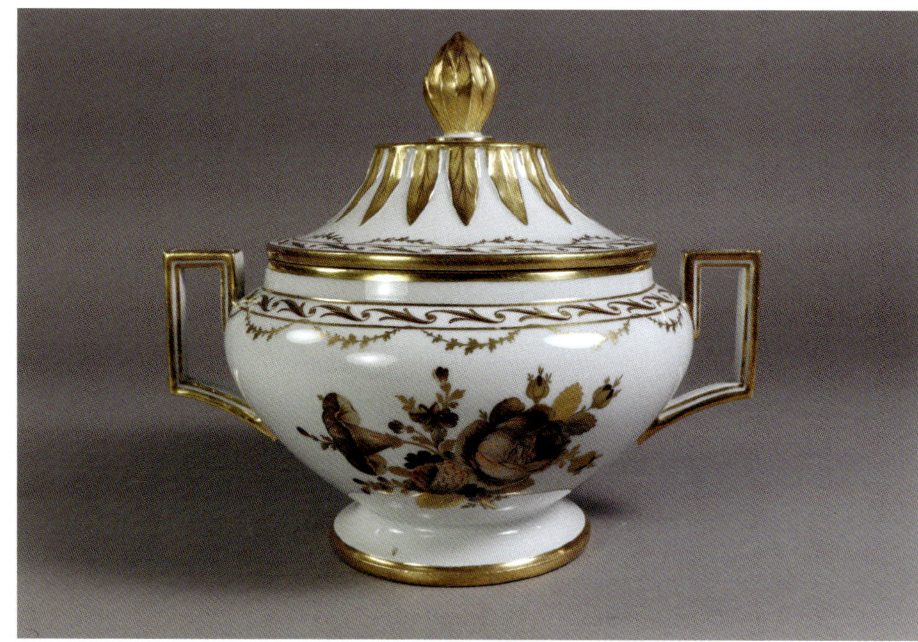

112
Bouillonterrine
um 1800
Porzellanmanufaktur Fürstenberg
Museum Schloss Fürstenberg
H. 17 cm

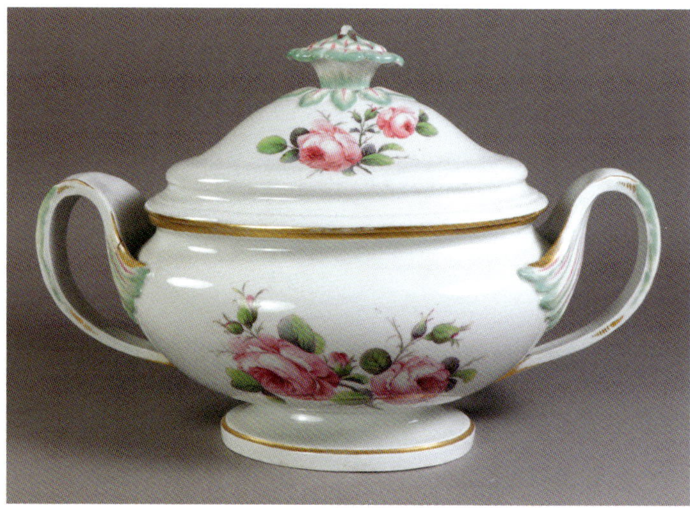

113
Terrine
um 1800
Porzellanmanufaktur Fürstenberg
Museum Schloss Fürstenberg
H. 20,6 cm

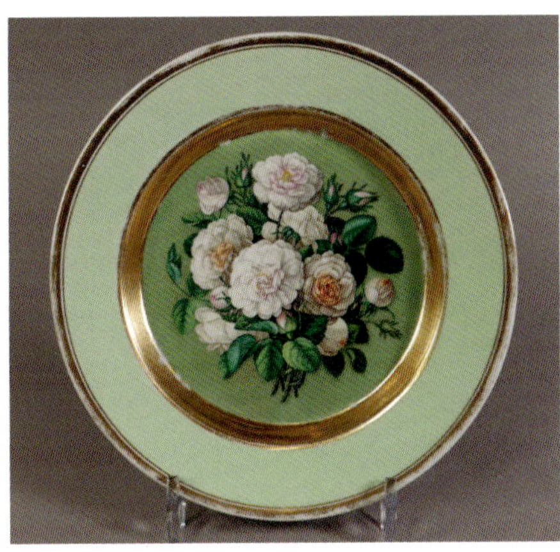

114
Teller
um 1815
Porzellanmanufaktur Fürstenberg
Sammlung Reichmann,
Museum Schloss Fürstenberg
Dm. 22 cm

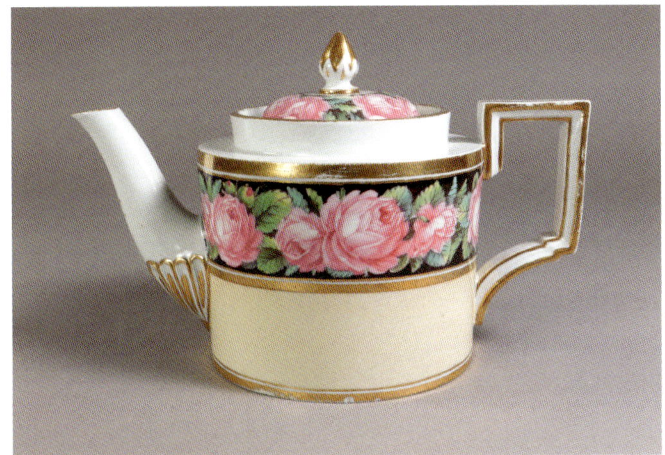

115
Teekanne
um 1820
Porzellanmanufaktur Fürstenberg
Museum Schloss Fürstenberg
H. 13 cm

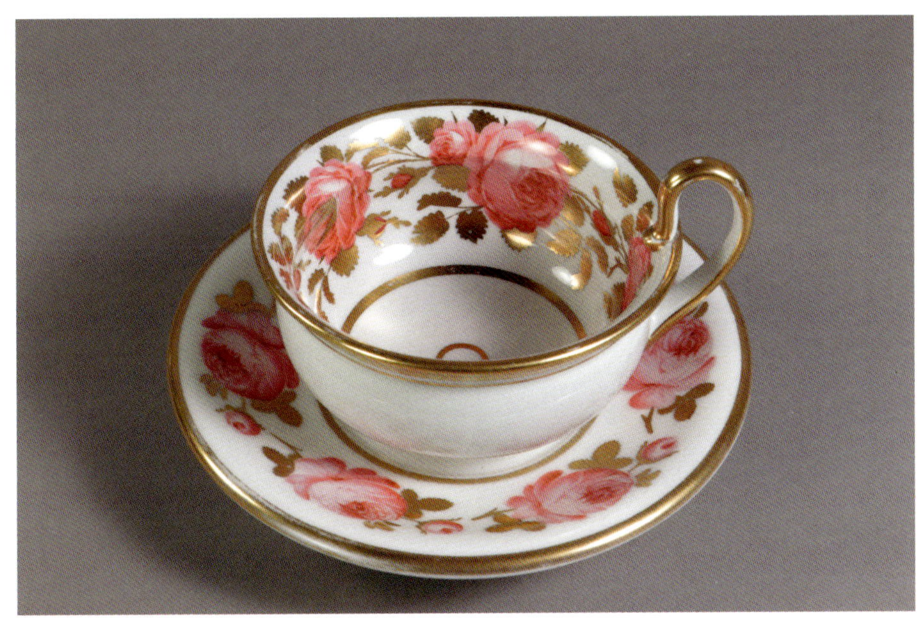

116
Tasse mit Untertasse Form 46
um 1830
Porzellanmanufaktur Fürstenberg
Museum Schloss Fürstenberg

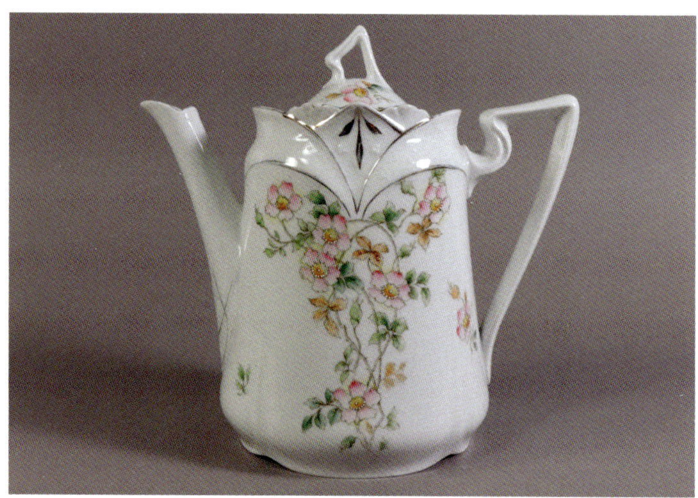

117
Teekanne Form „Victoria“
um 1906
Porzellanmanufaktur Fürstenberg
Museum Schloss Fürstenberg
H. 16,7 cm

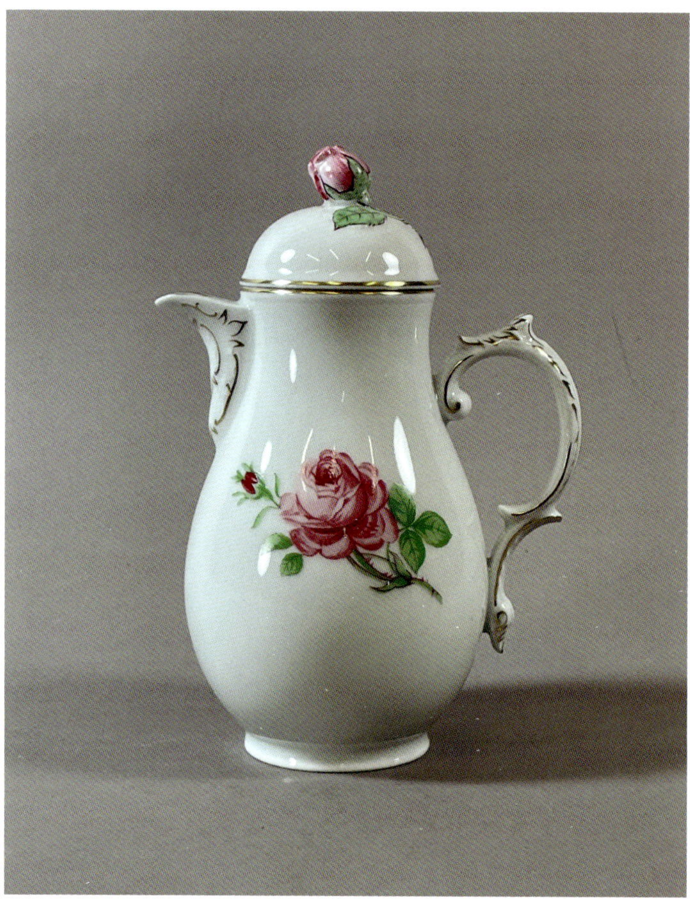

118
Mokkakanne Form 641 „Alt Fürstenberg“ mit Druckdekor „Rote Rose“
Modell: Walter Nitzsche (1907-1979), 1935
Dekor: um 1958
Porzellanmanufaktur Fürstenberg
Museum Schloss Fürstenberg
H. 19,3 cm

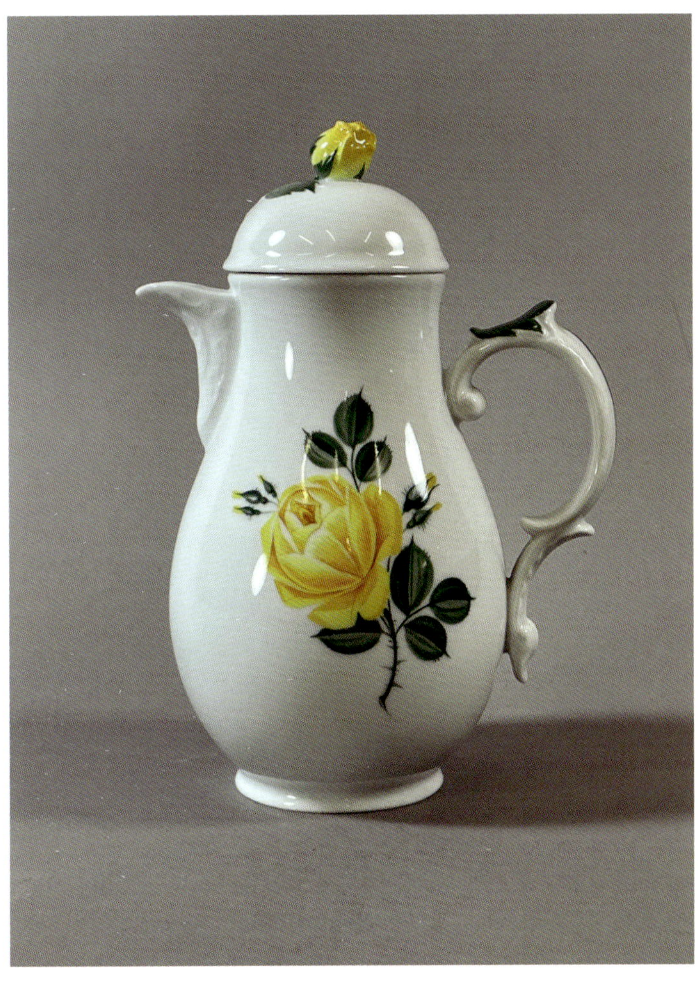

119
Kaffekanne Form 641 „Alt Fürstenberg“ mit Dekor „Gelbe Rose“
Modell: Walter Nitzsche (1907-1979), 1935
Dekor: um 1960
Porzellanmanufaktur Fürstenberg
Museum Schloss Fürstenberg
H. 19,3 cm

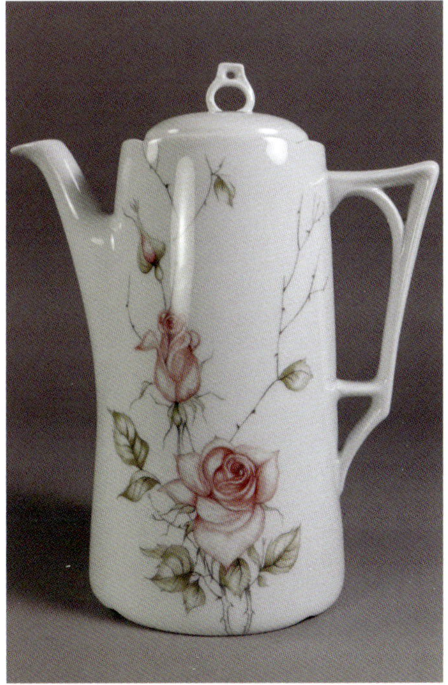

120
Kaffeekanne Form 681 „Ariana“ mit Druckdekor „A 213“
1975/76
Porzellanmanufaktur Fürstenberg
Museum Schloss Fürstenberg
H. 20,1 cm

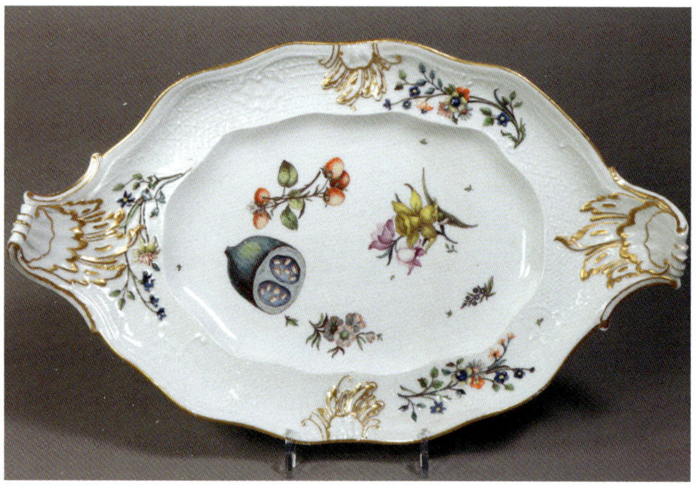

121
Ovale Platte (Presentoire) „Brühlsches Allerlei“, bemalt mit einer Jenipapo-Frucht aus Südamerika
Modell: Johann Friedrich Eberlein (1695-1749), um 1745
Porzellanmanufaktur Meissen
Privatbesitz
48 x 29,5 cm

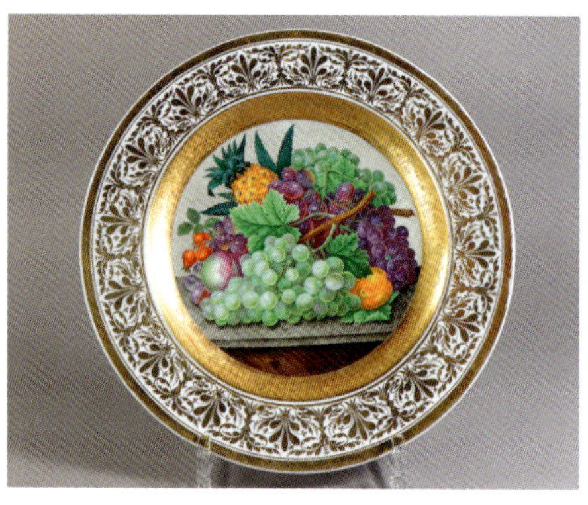

123
Teller mit Früchtestillleben
um 1810
Porzellanmanufaktur Berlin
Privatbesitz
Dm. 24,3 cm

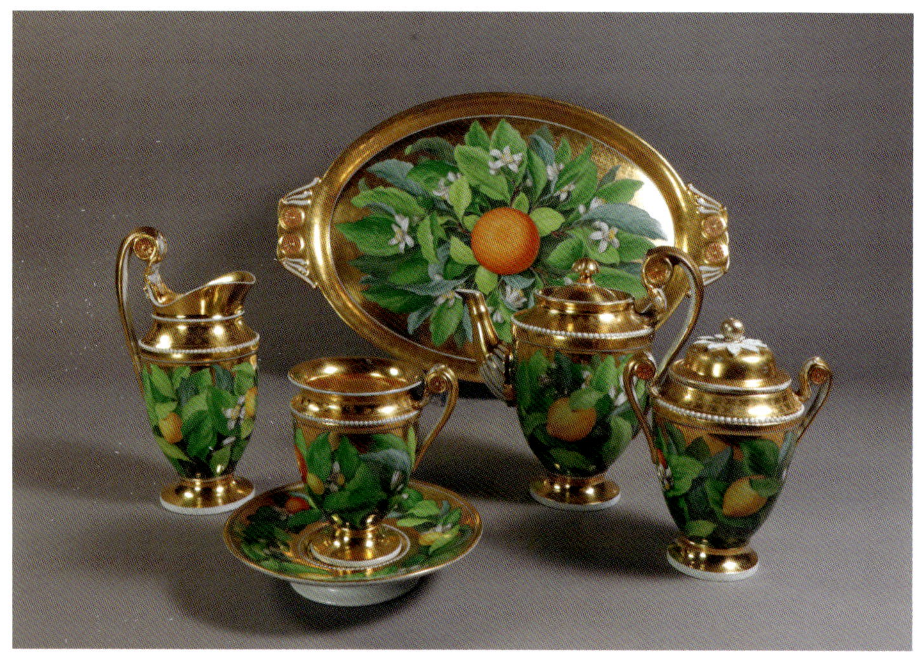

124
Solitaire mit Zitrusfrüchten
um 1815
Porzellanmanufaktur Meissen
Privatbesitz
KK: H. 16 cm;
Milchgießer: H. 16,5 cm;
Zuckerdose: H. 13,2 cm;
Tasse: 9,8 cm;
Untertasse: Dm. 13,4 cm;
Tableau: 40 x 25 cm

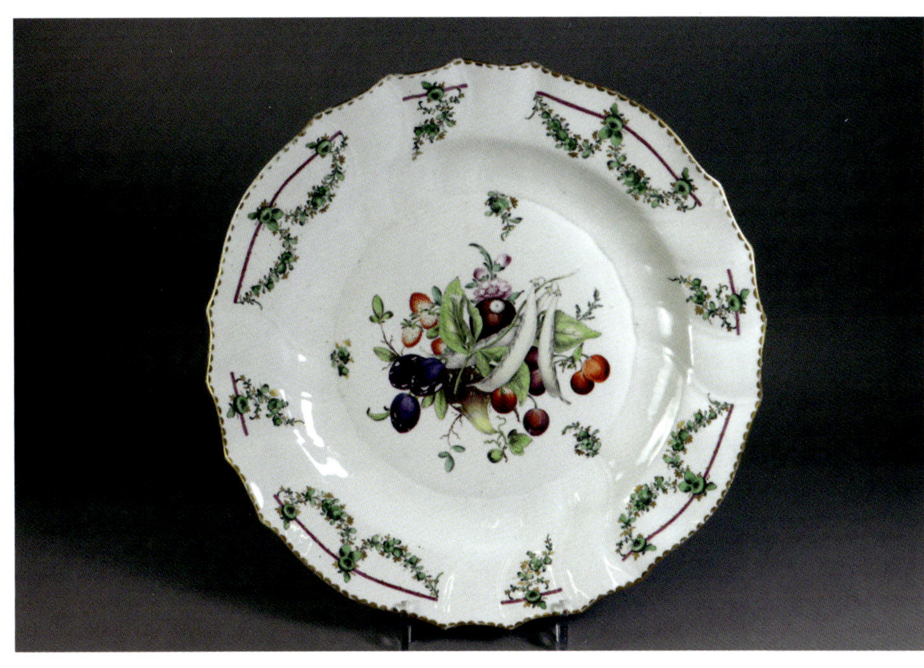

122

Runde Platte und sechs Teller in Tournai-Form mit Früchte- und Gemüsestillleben
um 1760
Porzellanmanufaktur Fürstenberg
Museum Schloss Fürstenberg (Platte) und Privatbesitz (Teller)
Platte: Dm. 35,3 cm; Teller: Dm. 23 cm

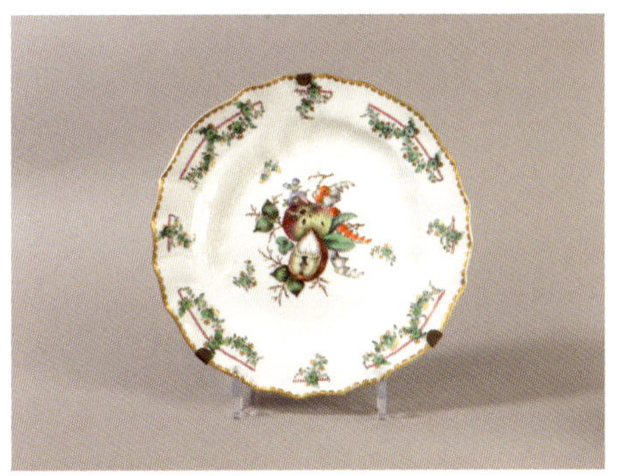

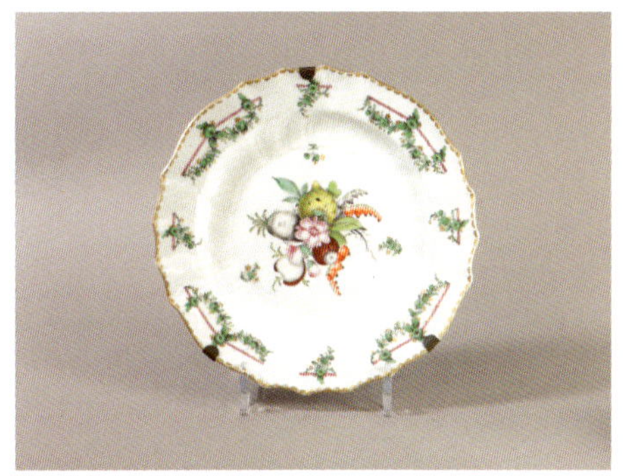

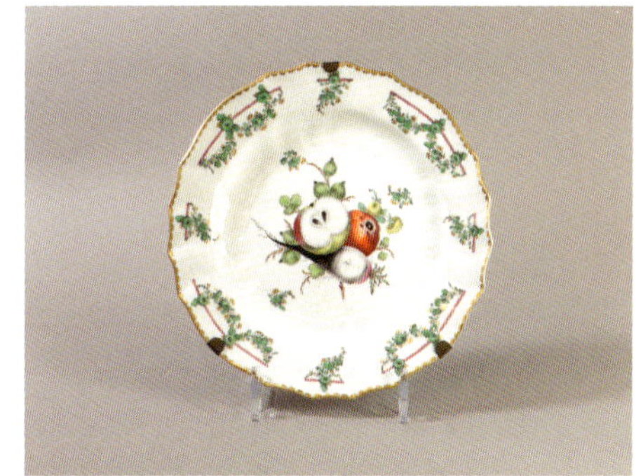

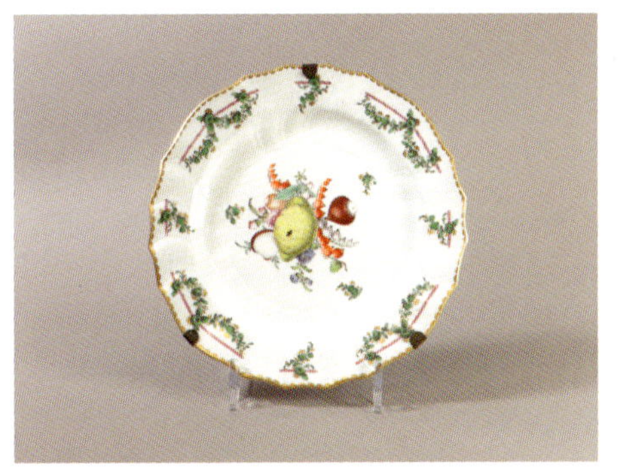

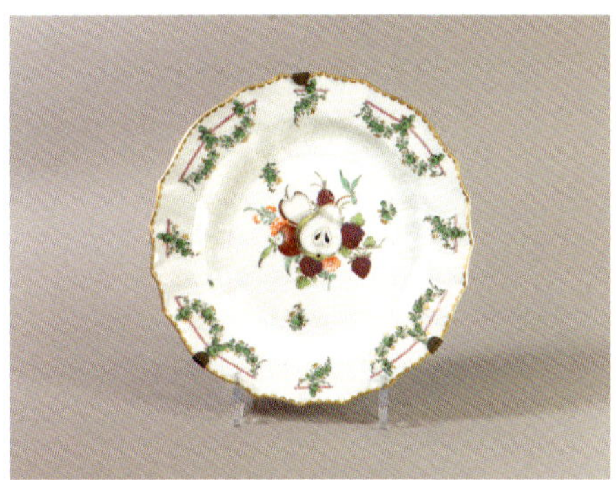

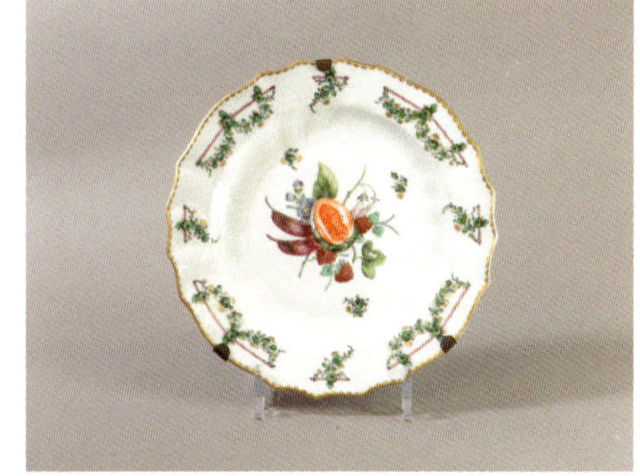

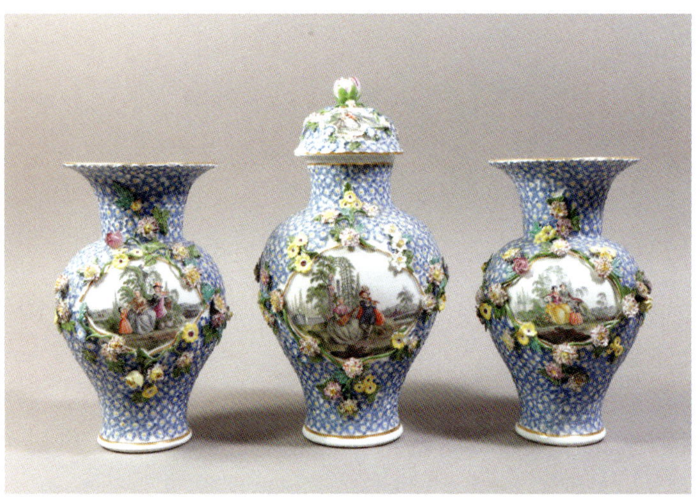

125
Dreiteiliger Vasensatz mit Vergissmeinnichtrelief
um 1760
Porzellanmanufaktur Meissen
Privatbesitz
Balustervasen: H. 20 cm
Deckelvase: H. 26,5 cm

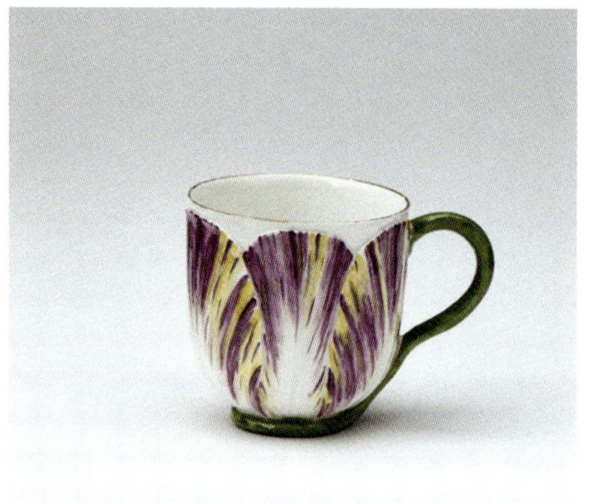

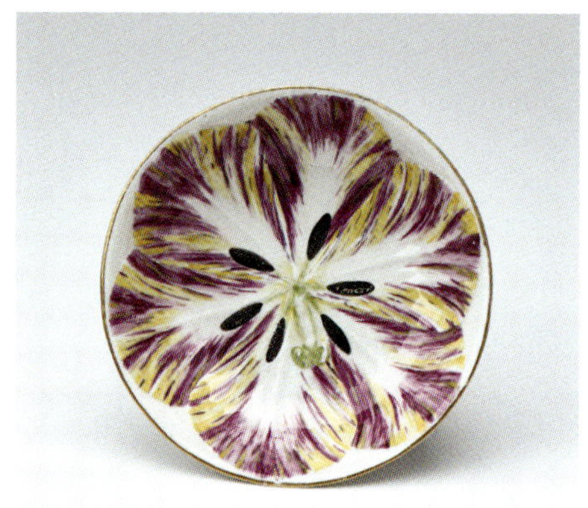

126
Tasse und Unterschale in Tulpenform
um 1760
Porzellanmanufaktur Meissen
Museum August Kestner, Hannover
Tasse: H. 7,2 cm
Unterschale: Dm. 12,5 cm

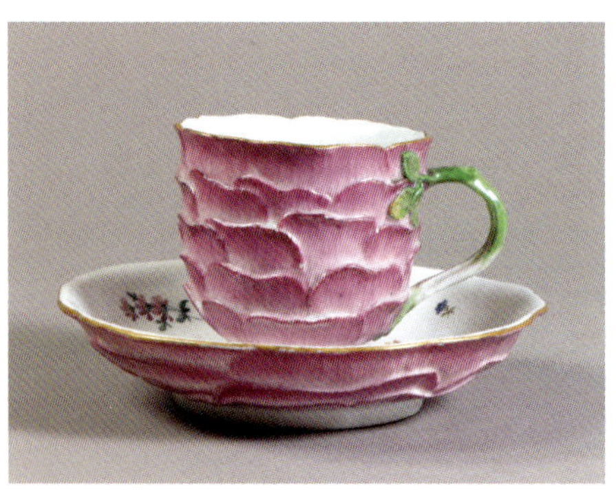

127
Tasse und Unterschale in Rosenform
um 1765
Porzellanmanufaktur Meissen
Privatbesitz
Tasse: H. 6,5 cm
Unterschale: Dm. 13,8 cm

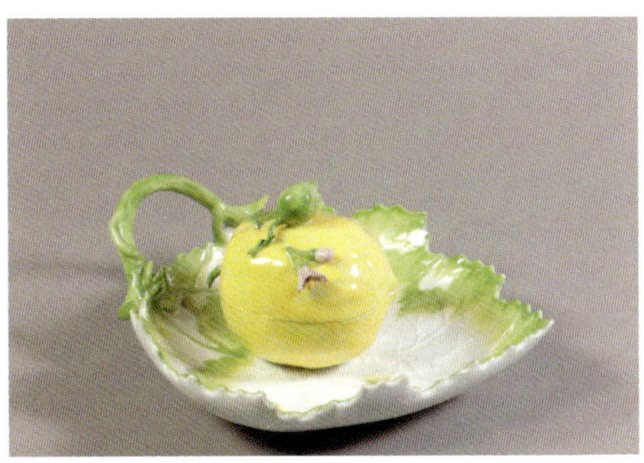

128
Dose in Form einer Zitrone auf Weinblattschale
Modell: Johann Joachim Kaendler (1706-1775) und Johann Gottlieb Ehder (1716-1750), 1745-47
Porzellanmanufaktur Meissen
Privatbesitz
9,3 x 19,5 x 18 cm

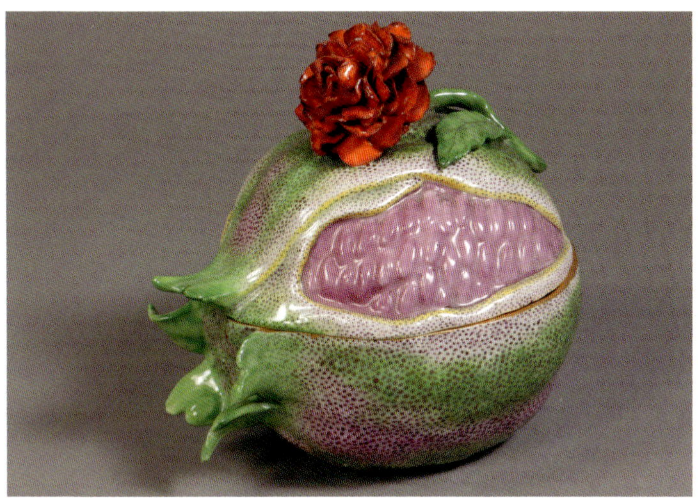

129
Dose in Form eines Granatapfels
um 1750
wohl Frankreich
Museum Huelsmann, Bielefeld
13 x 13 x 11,3 cm

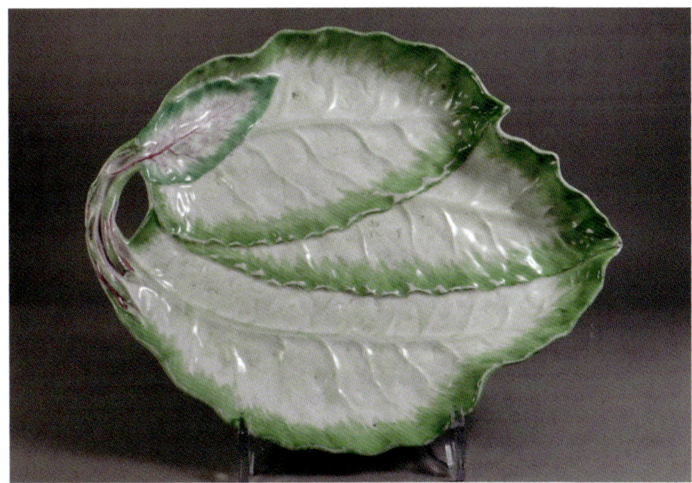

130
Blattschale
um 1765
Porzellanmanufaktur Fürstenberg
Museum Schloss Fürstenberg
30 x 23 cm

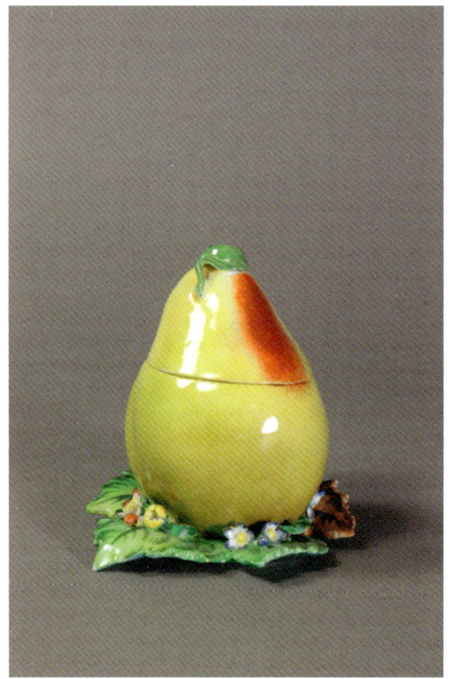

131
Dose in Form einer Birne auf einem Blatt
um 1760
Porzellanmanufaktur Wien
Privatbesitz
H. 7,5 cm

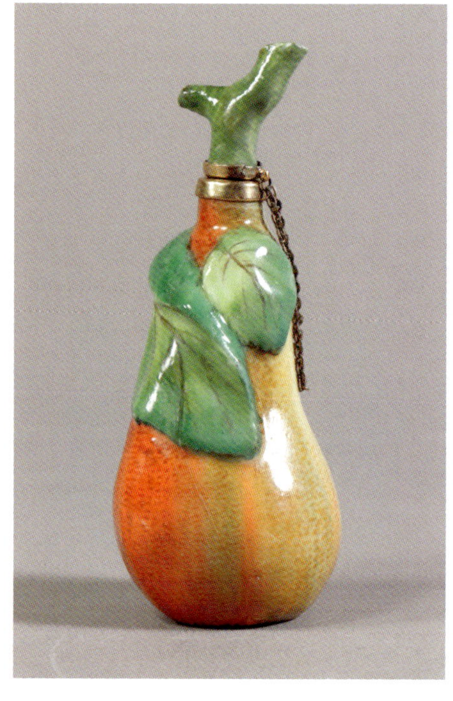

132
Flakon in Birnenform
um 1760/70
Porzellanmanufaktur Fürstenberg
Sammlung Reichmann,
Museum Schloss Fürstenberg
H. 8,6 cm

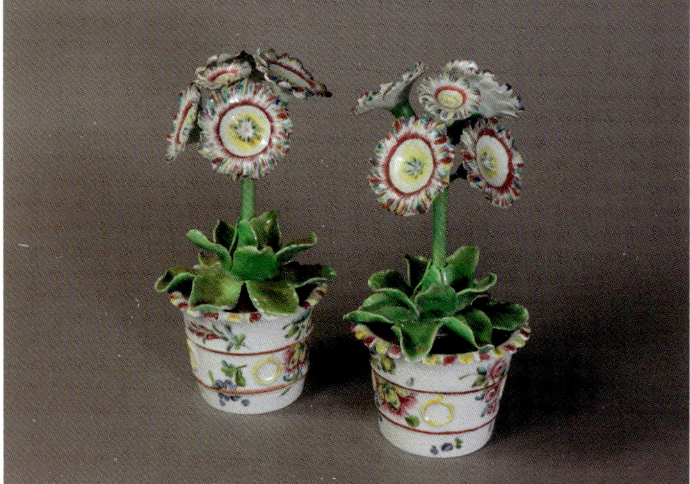

133
Zwei Aurikeltöpfchen
um 1770
wohl England
Privatbesitz
H. 15 cm

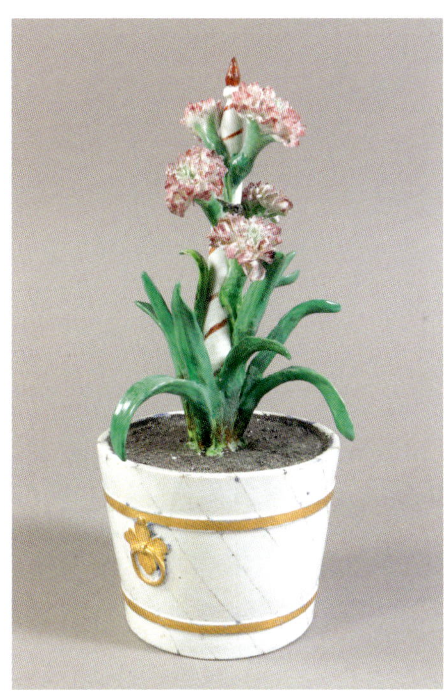

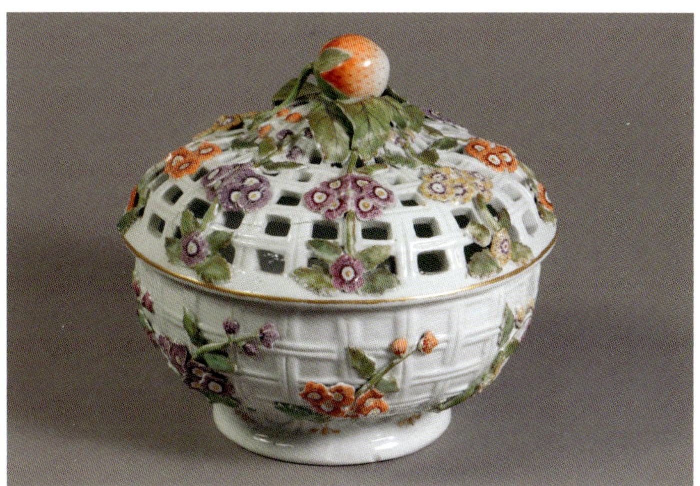

135
Deckelschale als Aurikelkorb
um 1775
England
Privatbesitz
14 x 15,5 cm

134
Nelkentopf
um 1770
Porzellanmanufaktur Meissen
Privatbesitz
H. 21 cm

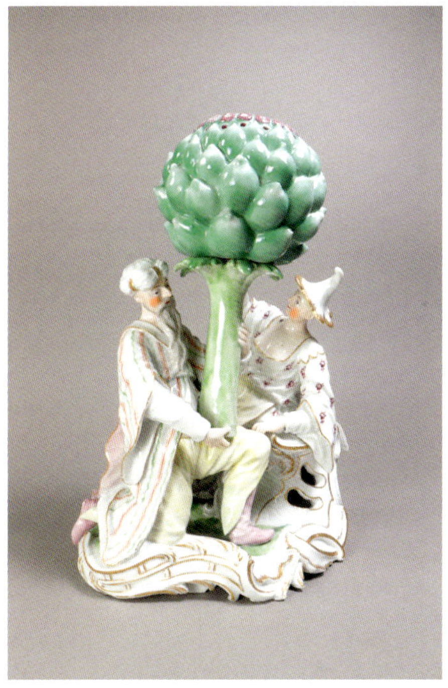

136
Duftgefäß in Artischockenform mit Chinesenpaar
Modell: Johann Friedrich Lück (1727-1797), um 1760
Porzellanmanufaktur Frankenthal
Privatbesitz
24,8 x 18,8 x 17 cm

Das Ausstellungsprojekt „Lustgarten. Porzellan und Gartenkunst" im Museum Schloss Fürstenberg wurde gefördert von:

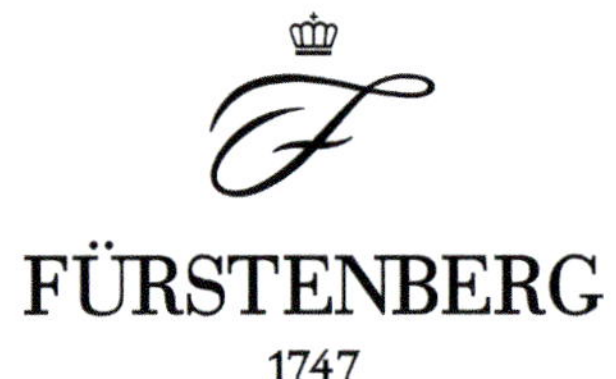

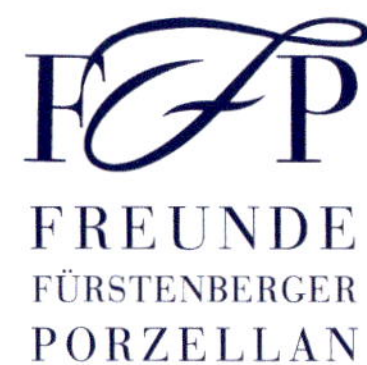

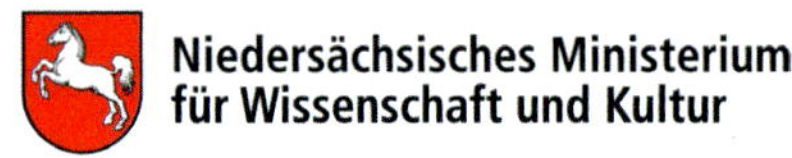

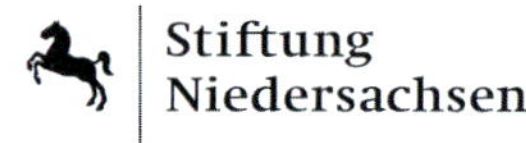

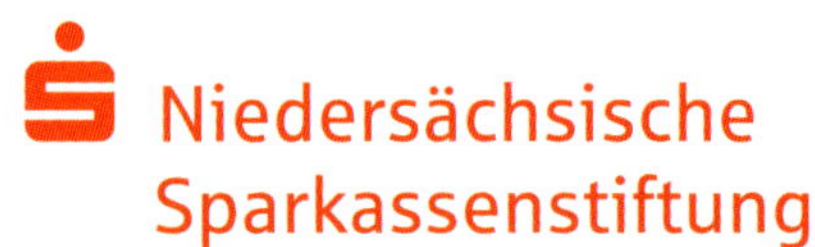

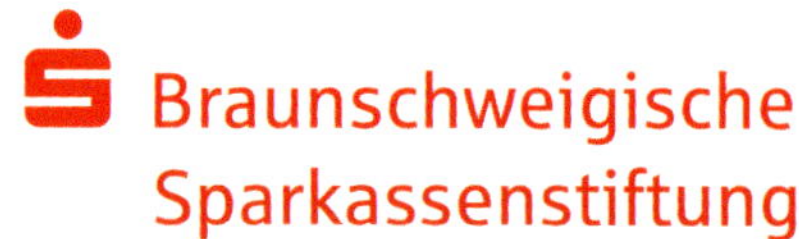

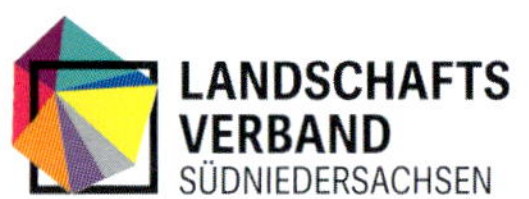

Abbildungsnachweise

Seite 2, 7, 8, 11, 13, 14, 15, 16, 18/19, 21, 23, 25, 27, 35, 41, 44/45, 47, 48, 49, 50/51, 70/71, 80/81, Cover (Hintergrundmotiv) sowie alle Fotos auf der Rückseite. Fotografin: Claudia Warneke

Kat. Nr. 6, 7, 8, 9, 10, 14, 22, 26, 29, 103: Museum August Kestner, Hannover
Kat. Nr. 19: Museum August Kestner, Hannover. Fotograf: Detlev Jürges
Kat. Nr. 28, 30: Museum August Kestner, Hannover. Fotograf: Christian Rose
Kat. Nr. 33 (auch Covermotiv): Museum August Kestner, Hannover. Fotograf: Christian Tepper
Kat. Nr. 66: Herzog Anton Ulrich-Museum, Braunschweig
Kat. Nr. 82: Herzog Anton Ulrich-Museum, Braunschweig. Fotograf: Claus Cordes

Alle anderen Abbildungen: Museum Schloss Fürstenberg, Fotograf: Christopher Kahle